Hier und Heute

Streifzüge 2

Neue traumhafte Touren durch Nordrhein-Westfalen

Hier und Heute

Streifzüge 2

Neue traumhafte Touren durch Nordrhein-Westfalen

schlütersche

Meppel
Meppen
Quakenbrück
Hase
Kampen
Bersenbrück
Naturpa
Lingen
Vechte
Zwolle
Issel
Raalfe
Nordhorn
Recke
Mettingen
Almelo
Hörstel
Ibbenbüren
Osnabrück
Bad Bentheim
Rheine
Deventer
Tecklenburg
Apel-doorn
Hengelo
Gronau
Naturpark
Twente - Kanal
Enschede
Metelen
Steinfurt
Nördlicher Teutoburger Wald
Berkel
Schöppingen
Ahaus
Greven
Darfeld
Vreden
Billerbeck
Telgte
Versmold
Arnhem
Coes-feld
Havix-beck
Stadt-lohn
Baumberge
Münster
Warendorf
Nottuln
Issel
Rheda
Elten
Nijmegen
Kekken
Bocholt
Borken
Naturpark
Dülmen
Ascheberg
Emmerich
Isselburg
Kleve
Raesfeld
Haltern
Ahlen
Lüding-hausen
Hohe Mark
Halterner Stausee
Dortmund-Ems-Kanal
Kalkar
Schermbeck
Rhein
Hamm
Xanten
Wesel
Hünxe
Lippe
Marl
Dorsten
Datteln
Sonsbeck
Voerde
Oer-Erkenschwiek
Recklinghsn.
Werl
Kevelaer
Rhein-berg
Dinslaken
Dortmund
Issum
Walsum
Gelsenkirchen
Sevelen
Baerl
Möhnestausee
Oberhsn.
Moers
Bochum
Naturpark
Menden
Arnsberg
Ruhr
Wachtendonk
Essen
Duis-burg
Mül-heim
Baldeneysee
Iserlohn
Venlo
Krickebecker Seen
Hattingen
Hagen
Letmathe
Krefeld
Hombergen
Velbert
Nettetal
Niers
Neviges
Naturpark Homert
Schönholthsn.
Natur-park
Wuppertal
Lüdenscheid
Schwalm
Düsseldorf
Schmallenberg
Remscheid
Nette
Neuss
Solingen
Finnentrop
Mönchen-gladbach
N.-Holzheim
Wupper
Naturpark Ebbegebirge
Lennestadt
Zons
Biggesee
Dormagen
Leverkusen
Marienheide
Heinsberg
Naturpark
Olpe
Erft
Greven-broich
Monheim
Herren-strunden
Gummers-bach
Fellinghausen
Rur
Kreuztal
Baes-weiler
Bergisch Gladbach
Bensberg
Friesen-hagen
Landgraaf
Oberholzklau
Köln
Nüm-brecht
Mors-bach
Obernaustausee
Aldenhoven
Roden-kirchen
Freuden-berg
Siegen
Kerkrade
Alsdorf
Inden
Marienberghsn.
Agger
Herzogenrath
Zünsdorf
Benroth
Geringhsn.
Kerpen
Troisdorf
Maastricht
Würselen
Eschweiler
Brühl
Bergisches Land
Oettershagen
Sieg
Düren
Aachen
Siegburg
Stolberg
Naturpark
Naturpark
Königswinter
Kottenforst-Ville
Bonn
Siebengebirge
Langenberg
Inde
Bad Honnef-Rhöndorf
Euskirchen
Eicks
Erft
Mechernich
Remagen
Linz
Nordeifel
Bad Münstereifel
Hohes Venn
Monschau
Ahr
Nettersheim
Rur
Bad Neuenahr-Ahrweiler
Botrange
Neuenwied-Engers
Bensdorf-Sayn
Hellenthal
Robertville
Hocheifel
Dahlem
Koblenz
Limburg
Losheim
Lahn
Hillesheim
Daun
Mosel
Prüm
1
31
219
54
219
67
64
31
43
2
57
8
58
58
3
57
1
44
58
1
1
45
61
44
3
8
1
44
61
4
4
1
3
45
8
44
1
3
61
48

Nordrhein-Westfalen

Fast alles ist möglich im Land der Vielfalt: Nordrhein-Westfalen. Etwa 17,9 Millionen Einwohner leben hier auf gut 34.000 Quadratmetern. Seine Kraft schöpft Nordrhein-Westfalen auch aus der Eigenständigkeit der Regionen – ein Reichtum an Landschaft und Temperamenten, wie man ihn selten findet.

Und schon geht die Reise los: Wir führen Sie vom Norden bis in den tiefen Süden, vom äußersten Osten bis in den Westen. Manchmal sind die Übergänge in ein anderes Bundesland fast fließend. So verschlägt es den eifrigen Wanderer auch schon mal vom Teutoburger Wald zum niedersächsischen Nachbarn nach Hameln und Höxter. Aber keine Bange: Mit einer Weserschifffahrt geht's zurück nach Nordrhein-Westfalen.

Na, neugierig geworden? Kein Problem. Adressen, Telefonnummern und Internetseiten finden Sie stets am Schluss der einzelen Reportagen. Und immer wieder neue Anregungen, das vielfältige Nordrhein-Westfalen zu entdecken, geben wir Ihnen jede Woche im WDR Fernsehen bei den Hier und Heute – Streifzügen.

Informationen:

Für die wichtigsten Informationen zum Bundesland können Sie diese Anlaufstelle nutzen:

Tourismus-Verband Nordrhein-Westfalen
Emil-Hoffmann-Str. 1 a
50996 Köln
Tel.: 0 22 36 / 96 72 55
www.tourismusverband.nrw.de

Die Deutsche Bibliothek – CIP-Einheitsaufnahme
Hier und Heute-Streifzüge: Neue traumhafte Touren durch Nordrhein-Westfalen/[Hrsg.: Westdeutscher Rundfunk, Köln. Gerhard Skrobicki]. – Hannover: Schlütersche
2./[Autor: Dirk Holterman]. – 2002
ISBN 3-87706-855-3

Verlag: Schlütersche GmbH & Co. KG, Druckerei und Verlag
Hans-Böckler-Allee 7, 30173 Hannover

Herausgeber: Westdeutscher Rundfunk Köln
Gerhard Skrobicki

Die Filmbeiträge, die Vorlagen für dieses Buch waren, sind erstellt worden von: Andrea Benstein, Wolfgang Brosche, Helge Drafz, Ralph Durchleuchter, Dirk Holterman, Jürgen Hübner, Stefan Huy, Andreas Kölmel, Anja Koenzen, Jörg Laaks und Bärbel Schröder.

Der Autor:
Dr. Dirk Holterman studierte in Bonn Biologe und kam 1984 zum Journalismus. Seit dieser Zeit berichtet er vor allem für den WDR in Fernseh- und Radiobeiträgen aus dem Rheinland. Seine Schwerpunkte: Politik, Landwirtschaft, Umwelt und Tourismus.
Neben wissenschaftlichen Publikationen veröffentlichte er diverse Radbücher wie „Die Wasserburgen Route", „Die Aachener Burgenrunde" und „Die Rheinbacher Burgenrunde". „Delikatessen am Wegesrand", „Un-Kräuter zum Genießen" und „Baumblättersalat" sind in Zusammenarbeit mit Dr. Brigitte Klemme und dem WDR bei einem Düsseldorfer Verlag erschienen.

Skizzen: Thekla Fomiczenko-Beyer

Koordination: Claudia Flöer, Schlütersche
Assistenz: Harriet Assel, Schlütersche

Gestaltung: Schlütersche GmbH & Co. KG, Druckerei und Verlag

Satz und Druck: Schlütersche GmbH & Co. KG, Druckerei und Verlag

Bindung: Rödiger Buchbinderei GmbH, Langenhagen

Vorwort

Traumhafte Touren durch Nordrhein-Westfalen – nach dem großen Erfolg des ersten Bandes nun die Fortsetzung mit neuen „Streifzügen“ für den kleinen Urlaub zwischendurch.

Seit nunmehr 8 Jahren bringt das WDR-Fernsehen Woche für Woche seinen Zuschauern ein Stück Heimat direkt nach Hause – Einblicke in Regionen, die ihresgleichen suchen – Ausblicke auf unverwechselbare Landschaften, die es zu entdecken gilt. Gleich vor der eigenen Haustür kann ein Streifzug beginnen. Mehr als 40 neue Traum-Touren sind hier in Wort und Bild aufgenommen, nehmen Sie mit auf eine kleine Reise abseits ausgetretener Touristenpfade. Es muss nicht immer die weite Welt sein, wenn es hier zu Lande viel zu entdecken gibt.

Ein Trend ist seit langem unverkennbar: Viele Menschen machen immer öfter Urlaub im eigenen Land, auch freie Tage werden für verlängerte Wochenenden genutzt.

Nordrhein-Westfalen hat durch seine Vielfalt der Landschaften die Angebote für den kleinen Urlaub zwischendurch – und wir zeigen Sie Ihnen. Jede Woche im Fernsehen und hier kompakt zusammengefasst. Mit allen notwendigen Informationen ausgestattet, führen auch diese neuen „Streifzüge“ durch eine geschichtsträchtige, kulturhistorisch einmalige und landschaftlich äußerst reizvolle Region zwischen Rhein und Weser, zwischen Münsterland und Teutoburger Wald.

Gerhard Skrobicki

Herausgeber und WDR-Redaktionsleitung

Inhalt

Rheintal

Eifel

Bergisches Land

Münsterland

Im Schatten des ehrwürdigen Domes trägt der Bauer in Münster seinen Kürbis noch selbst zu Markte. Das Umland lockt mit seinen mehr als 100 verwunschenen Schlössern. Auch für Radfahrer ist das Land paradiesisch und Autofahrer geben angesichts der schnuckeligen Ortschaften gerne mal das Rasen auf.

In der Moorlandschaft rund um Lüdinghausen soll es sogar spuken: In **Schlösser, Spuk und Schauermärchen** können Neugierige hinter die Kulissen von Burg Kakesbeck schauen. Im südlichen Münsterland verleiht golden schimmernder Baumberger Sandstein dem Landstrich mediterranes Flair. Wir sind **Im Land**

der goldenen Steine. Der nächste Weg führt in den Merfelder Bruch. **Fest im Sattel** sollte man hier schon sein, denn bei Dülmen beginnt ein Pferdeparadies. Weiter Richtung Westmünsterland liegt **Schöppingen – zwischen Kunst und Kirchturm.** Ein alter Hof ist schöpferischer Ruhepol für Künstler aller Art. Aber auch **Häuser erzählen Geschichten** – und in Münster gibt es viele davon.

Informationen:

Münsterland Touristik Grünes Band e. V.

An der Hohen Schule 13
48565 Steinfurt

Tel: 0800 / 9 39 29 19

www.muensterland.com

Schlösser, Spuk und Schauermärchen

Hinter den Kulissen von mächtigen Gemäuern

In der verwunschenen Moorlandschaft rund um Lüdinghausen sind Grusel und Spuk eine Frage der Phantasie und des Glaubens an gute und böse Geister. Im Venner Moor bei Senden sind sie zu Hause. Und bis Lüdinghausen sind es nur ein paar Kilometer – ein Klacks für Gespenster. Denn hier werden sie immer wieder gesehen. Sie spuken im Frühnebel der Parks rund um den Ortskern. Manchmal tauchen auch gute Geister auf, in Menschengestalt, wie etwa Wilfried Grewing, der Hausherr auf Burg Kakesbeck. Die mächtige Anlage von einst ist heute allerdings eine nie enden wollende Baustelle: Der ehemalige Geschäftsmann Grewing baut seit 30 Jahren an Burg Kakesbeck herum.

Natürlich – jede echte Burg hat auch einen echten Hausgeist. Auf Burg Kakesbeck sind es gleich drei Geister, die immer zusammen – meist im Gewölbekeller unter dem alten Rittersaal – erscheinen. Wilfried Grewing schwört, er habe sie gesehen.

Foto: Niehaus

Märchenerzählerin Ina Niehaus.

Vor über 30 Jahren lasen die Grewings noch in der Zeitung: Leerstehende Burg zu verkaufen. „Prima“, dachten sich die Grewings, „hier können wir uns sicher gut erholen!“ Von wegen – seit dieser Zeit bauen die beiden an ihrer Burg, retten altes Gemäuer, sichten Tausende von Scherbenfunden, restaurieren und renovieren aus Liebe zur Tradition. Die guten Geister von Kakesbeck sind inzwischen um die 70 Jahre alt und haben sich aber noch viel vorgenommen. Und manchmal geistern sogar ganze Schulklassen durch die Dauer-Baustelle. Zusätzlich gibt Burgknecht Grewing, wenn es seine Zeit erlaubt, auch gern einmal eine Extraführung.

Das schwarze Wasser der Gräfte war die letzte Hürde, die die Feinde im Mittelalter zu nehmen hatten. Manch einer ertrank bei Kämpfen rund um die Burg Vischering in Lüdinghausen. Das idyllische Fleckchen im südlichen Münsterland war vor 700 Jahren Schauplatz einer Fehde zwischen dem Bischof von Münster und den Adelsherren in der Umgebung.

Die Burg Vischering bot früher Schutz vor Feinden.

Der Bischof wollte seine Macht festigen und setzte den Herren von Lüdinghausen ein echtes Bollwerk vor die Nase. Burg Vischering war eine Verteidigunsanlage, gebaut auf massiven Holzpfählen. Als es noch keine Feuerwaffen gab, bot die Trutzburg Schutz gegen heranstürmende Feinde. 250 Jahre lang hielt der Verteidigungsring, dann fiel die Hauptburg einem Feuer zum Opfer. Hals über Kopf flüchteten die Bewohner und dabei verbrannten wahrscheinlich alle Besitzurkunden – eine echte Katastrophe für die Burgherren. Hundert Jahre nach dem Brand zogen sie daraus ihre Lehre und ließen einen geheimen Fluchtweg bauen. Das Verließ war über eine Geheimtür mit der Gräfte verbunden.

Auch die Davert, ein Wald- und Moorgebiet bei Lüdinghausen, ist ein Ort der herumirrenden, bösen Geister. Sie sind hierher strafversetzt worden, weil sie als Lebende so viel Unrecht getan haben. Eine Geschichte handelt von einem geizigen, habsüchtigen Mann, dem Geld alles war. Der Geist dieses hartherzigen Mannes irrt noch heute in der Davert umher. Dabei trifft der Geizhals im Moor auf die ewige Spinnerin: Sie hatte im Leben ihre Kunden betrogen und muss nun spinnen, bis die Hände bluten.

Die Drosten zu Vischering hatten nicht nur die Feinde im Visier. Die Burgherren hatten die Gerichtsbarkeit im Ort, und mit den Übeltätern – Dieben, Wilderern und Mördern – gingen sie nicht zimperlich um. Trotz der strengen Sitten griffen manche zur Selbstjustiz. So verpasste Anfang des 16. Jahrhunderts Goddert von Harmen dem 80 Jahre alten

Die Burg Lüdinghausen: früher Wehranlage, heute ein komfortabler Wohnsitz.

Adligen Lambert von Oer ein Stachelhalsband. Lambert sollte ein Landgut herausrücken.

Die Burg war immer ein Bollwerk der Macht – in der jahrhundertealten Geschichte der Burg Lüdinghausen wurde sie umfunktioniert – von der mittelalterlichen Wehranlage zum herrschaftlichen und überaus komfortablen Wohnsitz mit schöner Aussicht. Das neue Renaissance-Kleid der Burg Lüdinghausen schneiderte Gottfried von Raesfeldt. Er war stolz auf sein Werk und verewigte seinen Ahnenstamm im Burgsaal. Raesfeldt war Herrscher über den Handel am Fuße der Burg und befahl die Markt-Preise. Damit das niemand vergaß, wurden die Kurse für Hafer, Roggen und Wein sogar in Stein gemeißelt.

Glücklicherweise ist diese Form der Preisbindung seit Jahrhunderten abgeschafft. Rund um Lüdinghausen lässt es sich auch schon für ein paar Mark vortrefflich speisen, zum Beispiel im Ortsteil Seppenrade. Bei Mutter Siepe, einem historischen Restaurant im kleinen Dorfkern, servieren die Wirtsleute „Brasiertes Lamm“, dazu deftiges Gemüse und Kartoffeln. Das schmackhafte Fleisch stammt aus der hauseigenen Zucht: Texel-Schafe sind besonders zart und kräftig im Geschmack und gedeihen prächtig im Münsterland.

Und so lecker wird bei Mutter Siepe bereits seit mehr als 150 Jahren gefuttert. Der gute Rote aus dem Keller gehört natürlich dazu! Und man kann sich hier auf alle guten Geister verlassen: Burg Vischering, Lüdinghausen und Kakesbeck laden ein zu einem langen und wunderschönem Herbstspaziergang.

Foto: Wilfried Grewing

Burg Kakesbeck. Ausschnitt aus einem Poster-Aquarell von Andreas Raub, Lüdinghausen.

Alles auf einen Blick:

Informationen über die Umgebung Lüdinghausens und das Moorgebiet Davert:
Verkehrsverein Ascheberg
Katharinenplatz 1
59387 Ascheberg
Tel: 0 25 93 / 6 09 36

Die Burgen Vischering, Lüdinghausen und Kakesbeck
liegen allesamt in Lüdinghausen im südlichen Münsterland. Leicht zu erreichen über die Autobahnen 1 und 43. Über die Burgen informiert u. a.:

Burg Vischering
Kreis Coesfeld
Berenbrock 1
59348 Lüdinghausen
Tel: 0 25 91 / 7 99 00
Fax: 0 25 91 / 79 99 28

Öffnungszeiten des Museums:
täglich außer Mo, November bis März: bis 16.30 Uhr Führungen nach Voranmeldungen.

Burg Lüdinghausen
Stadtverwaltung Lüdinghausen
Lüdinghausen Borg 2
59348 Lüdinghausen
Tel: 0 25 91 / 92 60

Die Märchenerzählerin
Ina Niehaus erzählt ihre Geschichten in der Burg Lüdinghausen.
Ihre Adresse: Steverstr. 5,
59348 Lüdinghausen
Tel: 0 25 91 / 2 13 50

historische Gaststätte „Mutter Siepe“
Treppken 1
59348 Lüdinghausen
Tel: 0 25 91 / 81 91

Im Land der goldenen Steine

Die Baumberger Sandsteinroute

Am Ende des Regenbogens liegt es verborgen: Das Gold der Baumberge. Seit 1.000 Jahren reißen die Baumberger Steinhauer die Erde auf. Und oben, an der Erdoberfläche, gab er einem ganzen Landstrich sein goldenes Gesicht.

Da ist der goldene Herbst die richtige Jahreszeit, um sich auf die Pfade der „Baumberger Sandsteinroute" zu begeben. Mehr als 200 Sehenswürdigkeiten liegen links und rechts des Wegs; aber kaum eine ragt so hervor, wie der Dom in Billerbeck. Eigentlich wird er nur Dom genannt, weil er 100 Meter hoch ist und zwei mächtige Türme besitzt. St. Liudger simpel als Kirche zu bezeichnen, käme den Billerbeckern nicht in den Sinn. Vor 100 Jahren wurde der Dom größtenteils aus Baumberger Sandstein gefertigt – und seitdem wird er bereits zum dritten Mal restauriert. Die aufwändigen Verzierungen an den Türmen sind Wind und Wetter ausgesetzt; und die Verwitterungen können im schlimmsten Fall dazu führen, dass es Steine hagelt. Daher machen sich Steinmetze aus Billerbeck wieder einmal daran, ihren Dom zu retten.

Der höchste Arbeitsplatz am Dom liegt in 60 Metern Höhe, kurz unterhalb der Turmspitze, in der Nähe der Kirchturmuhr. Das ist ein Job für absolut Schwindelfreie. Wenn ein Herbststurm aufzieht, streichen selbst Hartgesottene die Segel. Aber einer, den es nicht hinunter bringt,

Foto: © Ingo Wandmacher

Schloss Darfeld.

Foto: © Ingo Wandmacher

Ein Steinmetz beim Restaurieren …

ist Heinz Lanfermann. Der Chef im Turm ist Steinmetz im Ruhestand, und der Dom lässt ihn nicht los: Er hat ihn schon einmal restauriert, vor mehr als 30 Jahren. Jetzt findet er neue Schäden.

Erste Baumberger Steinmetz-Regel: Man darf den Stein nur so einbauen, wie er gewachsen ist. Also nicht senkrecht, wenn er quer im Steinbruch gefunden wurde. Sonst kann das Regenwasser nicht ablaufen und zersetzt nach und nach den Stein. Daher glätten die Steinmetze die dicken Quader an den Kanten, damit das Wasser ablaufen kann. Kein anderer

… mit feinstem Steinwerkzeug entstehen filigrane Muster.

Platz bietet eine solche Aussicht auf das Städtchen Billerbeck – auch wenn die sicheren Gerüste von heute nur an wenigen Stellen den Durchblick gewähren.

Wer sich nicht so gern in schwindelnde Höhen wagt, ist in den Baumbergen auch auf der Erde gut aufgehoben. Ein weitverzweigtes Netzt von Rad- und Wanderwegen führt durch die Landschaft zwischen Billerbeck, Nottuln, Coesfeld und Havixbeck. Zwischen den hügeligen Wäldern liegen einsame Höfe, laden Feldwege zu ausgedehnten Wanderschaften und kleinen Entdeckungen ein.

Aber Vorsicht: An einigen Stellen gähnen tiefe Löcher: Ein Steinbruch gehört dem Billerbecker Betrieb Dirks und ist eines der Ausflugsziele der Sandsteinroute. Hier schürfen die Steinmetze das Gold der Baumberge. Unter dem so genannten Abraum liegt die begehrte Schicht, aus der seit Jahrhunderten Kirchen, Schlösser und Hofanlagen gebaut wurden. Früher hat es Tage gedauert, bis die großen Steinbrocken in Platten geschnitten waren. Eine staubige, anstrengende Arbeit mit der langen Handsäge. Seit den 50er Jahren erledigen das elektrisch betriebene Gattersägen – parallel fressen sich mehrere Sägeblätter durch den massiven Stein, Millimeter für Millimeter.

Der Baumeister des Barock, Johann Conrad Schlaun, baute einen ganzen Ortskern aus Baumberger Sandstein: Nottuln. Eine Feuersbrunst zerstörte im 18. Jahrhundert den mittelalterlichen Stiftsbezirk rund um die Kirche und das gesamte Dorf Nottuln – und Schlaun plante es neu. Er legte Alleen an und baute Kurien für die Äbtissinnen des Stifts. Viele dieser prachtvollen Kurien gehören jetzt

der Gemeinde – im Rathaus in Nottuln wird geheiratet.
Figuren vom münsterschen Prinzipalmarkt, Teile von Säulen münsterländischer Adelspaläste, mannshohe Heilige – das ist der Alltag bei Steinbildhauer Bernd Dirks. Sein Urgroßvater hat den Betrieb in Billerbeck eröffnet. In der vierten Generation sorgt Dirks dafür, dass die Schätze der Region erhalten bleiben. Der weiche Stein lässt sich leicht verarbeiten – filigrane Muster lassen sich mit feinstem Werkzeug aus der Oberfläche gestalten. Neben der Restaurierung von Heiligenfiguren aus dem Dom und anderen Bauten formen die Steinmetze auch Grabsteine – aus vorgefertigten und angelieferten Steinen, auf Wunsch auch aus dem Baumberger. Die Steinmetze haben wieder Konjunktur. Das war schon einmal so – nach dem zweiten Weltkrieg, als viele Kunstschätze der Region zerstört waren. Und jetzt nagen die Umwelteinflüsse an dem wertvollen Sandstein.
Im goldenen Herbst machen Wanderer in den Baumbergen immer wieder ungeahnte Entdeckungen. Links und rechts zweigen Wald- und Radwege ab und führen Besucher in die Hügel der Baumberge. Auch ohne Karten und Wanderführer stößt man auf Sehenswertes entlang der Sandsteinroute, wie zum Beispiel das Kloster Gerleve bei Coesfeld.
Mitten in einem weitläufigen Park bei Havixbeck lädt die Burg Hülshoff zu einem Spaziergang ein. Was sie wirklich über die Grenzen des Münsterlandes bekannt machte, hängt mit ihr zusammen: Annette von Droste-Hülshoff, die Dichterin, lebte hier im 18. Jahrhundert und ließ sich von der Natur der Baumberge inspirieren. Wenn der sonnige Oktober dem nassen November weicht, bietet die Sandsteinroute auch Orte, an denen man im Trockenen staubige Arbeit leisten kann. Das Sandsteinmuseum in Havixbeck bietet einen Überblick über die Entstehung der massiven Steinschicht unter den Hügeln der Baumberge und es zeigt auch Arbeiten bedeutender Künstler aus der Region: Modernes und Althergebrachtes.
Einige Baumberger Steinmetze sollen trotz ihrer schweren Arbeit besonders alt geworden sein. Es heißt, das läge am Steinhauer-Korn. Ein Liter pro Tag und Mann waren früher keine Seltenheit. Kein Zufall also, dass auch der Schnaps gelb schimmert – denn die Orte im südlichen Münsterland, Nottuln, Billerbeck und Havixbeck sind geprägt von dem schimmernden Stein: dem Gold der Baumberge.

Alles auf einen Blick:

Sandsteinmuseum Havixbeck
Gennerich 9
48329 Havixbeck
Tel: 0 25 07 / 3 31 75

Gemeinde Nottuln
Stiftsplatz 8
48301 Nottuln
Tel: 0 25 02 /94 20

Steinbruch und Steinbildhauerei Dirks
48727 Billerbeck
Tel: 0 25 43 / 5 82

Burg Hülshoff
Droste-zu-Hülshoff,
Verwaltung Burg Hülsfhoff
48329 Havixbeck
Tel: 0 25 34 / 91 90

Fest im Sattel

Wilde Pferde, brave Ponies, rüstige Ritter

Sie kennen weder Sattel noch Zaumzeug. Sie sind wild und ungebändigt, leben frei in einem Waldgebiet bei Dülmen: Die Wildpferde vom Merfelder Bruch.

Natürlich sind die Wildpferde im Merfelder Bruch keine richtigen Wildpferde, sondern verwilderte Hauspferde. Zur Herde gehören mehr als 300 Tiere, wobei die Stuten das Sagen haben, denn Hengste werden frühzeitig aussortiert, damit sich die Pferde nicht mehr als unbedingt nötig vermehren.

Stuten und Fohlen leben innerhalb einer Umzäunung. Niemand füttert sie. Wenn sie krank sind, müssen sie sich selber helfen – nur im tiefen Winter wird Heu zugefüttert. Meist sehen sie Menschen nur von fern, deshalb sind sie auch sehr neugierig, wenn man sich ihnen nähert. Vor mehr als 200 Jahren haben die Bauern Jagd auf die Pferde gemacht. Das Fleisch war wertvoll, und die Tiere haben ohnehin ständig die Felder zertrampelt. Vom Menschen gejagt zogen sie sich in das Sumpfgebiet bei Dülmen zurück. Dort litten sie unter Huffäule und Nahrungsmangel, bis kaum noch eines von ihnen übrig war.

Beinahe wären die Dülmener Wildpferde ausgestorben, hätte es nicht den Herzog von Croy gegeben. Er kaufte den Wald und als er die verkümmerten Wildpferde sah, umzäunte er das riesige Gebiet und legte das Land trocken. Nach und nach wurden die Tiere gesund und vermehrten sich. Sie dösen bei schwülem Wetter im kühlen Wald, ziehen ihre munteren Fohlen auf und haben sich an die etwas karge Umgebung angepasst: Für sie gibt es nur Gras

Foto: © Ingo Wandmacher

Die Wildpferde fühlen sich wohl im Merfelder Bruch.

Foto: © Ingo Wandmacher

Pferde – wohin das Auge auch blickt.

und Rinde aus dem Merfelder Bruch, sonst nichts. Im Alter von einem Jahr beginnt für die Hengste der Ernst des Lebens: Der Wildpferdefang am letzten Samstag im Mai lockt jährlich zehntausende Besucher nach Dülmen. Dabei werden die Jährlinge, die einjährigen Hengste, aus der Herde gefangen und verkauft. Wer zum Reiten gekommen ist, der hat dazu reichlich Gelegenheit.

Die Gemeinden rund um die Baumberge arbeiten jetzt an einem neuen, Reitwegenetz. So herrlich ein Ausritt

Foto: © Ingo Wandmacher

Typisch für diese Pferde sind die großen Nüstern und der kurze Hals.

in freier Natur ist, Pferdehufe können auch eine Menge zerstören.

Die Baumberge sind nicht nur Natur pur am Fuße der Hügel liegen beschauliche Orte wie etwa Billerbeck, auch die Perle der Baumberge genannt. Ganz in der Nähe von Billerbeck, in den Wäldern und Hügeln rund um Havixbeck, liegt das Abenteuerland der Pony-Fans. Hier können Familien getrost Urlaub machen – der Ponyhof Schleithoff übernimmt die Kinder. Die werden schon nach ein, zwei Tagen Training aufs Pony gesetzt und dann gehts den Bach runter und durch den Wald, juchee!

Übrigens, die Kinder sind in guten Händen: Beim Putzen und Reiten werden sie fachkundig betreut – die Eltern können sich getrost zurücklehnen. Der Ponyhof Schleithoff und viele andere Landwirte in der Umgebung von Havixbeck bieten Appartements und Ferienhäuser an. So hocken Kinder und Eltern beim Familienurlaub nicht allzu sehr aufeinander und können sich dennoch zu gemeinsamen Aktivitäten treffen.

Foto: © Ingo Wandmacher

Rüstiger Ritter in seiner Rüstung.

Für den kleinen Reiturlaub zwischendurch kann man sich in den Baumbergen auch Pferde und Ponys ausleihen. Aber auch auf zwei Beinen oder mit dem Rad bietet die Landschaft Ziele für ausgedehnte Sommerspaziergänge. Im südlichen Münsterland laden trutzige Burgen zu Besichtigungstouren ein, wie etwa Burg Vischering in Lüdinghausen. Ein-, zweimal im Jahr wird die Zeit hier um 700 Jahre zurückgedreht als noch Ritter, Knappen und Persevanten auf der Burg lebten und ihre Kämpfe mit den Gegnern der Lüdinghausener Nachbarburg ausfochten. Das Spektakel zieht tausende Familien an – nirgendwo sonst erlebt man schließlich das Mittelalter einmal hautnah.

Einmal eine Ritterrüstung tragen, das ist der Traum vieler Kinder. Deshalb zeigt die Burg Vischering auch schon

Foto: © Ingo Wandmacher

Wechselnde Ausstellungen auf Burg Vischering: Diese heißt „Ritter und Pferde".

mal einzelne Stücke aus den Zeiten der Kämpfe, der Minne und des Burglebens hinter Zugbrücken. Es braucht schon mindestens zwei Knappen, um das Gewicht einer Ritterrüstung zu halten, für ein paar Minuten ist das ja zu schaffen, aber das reicht dann auch. Ohne Ballast und lästige Panzer reitet es sich eh viel freier. Dann doch lieber raus in die Landschaft – fest im Sattel durch die Baumberge, im Land der Pferde.

Alles auf einen Blick:

Burg Vischering
Kreis Coesfeld
Berenbrock 1
59348 Lüdinghausen
Tel: 0 25 91 / 79 90-0

Öffnungszeiten des Museums:
täglich außer Mo,
November bis März: bis 16.30 Uhr
Führungen nach Voranmeldungen.

Ausstellungen auf Burg Vischering
Burg Vischering in Lüdinghausen
Tel: 0 25 91 / 7 99 00

Allgemeine Informationen:
Wildpferde im Meerfelder Bruch
Auf Anfrage können Gruppen hier an Führungen mit der Försterin Friederike Rövekamp teilnehmen (Gruppe 40 Mark, Schulklasse 30 Mark, Eintritt für Erwachsene 5 Mark, für Kinder 2,50 Mark – Änderungen vorbehalten).

Der Wildpferdefang,
also das Fangen der Einjährigen, findet einmal jährlich am letzten Samstag im Mai statt. Unbedingt Karten vorbestellen!
Herzog von Croy'sche Verwaltung
Schlosspark 1
48249 Dülmen
Tel: 0 25 94 / 96 30
E-Mail: croy@wildpferde.de

Tourist-Information Havixbeck
Schulstr. 10
48329 Havixbeck
Tel: 0 25 07 / 4 134
www.havixbeck.de/vvh

Der Pony-Hof Schleithoff
Hier gibt es Kinderferien für Jungen und Mädchen von 7–14 Jahren, inkl. Vollverpflegung, Reitunterricht und Tag- und Nachtbetreuung. Die Eltern können auf einem alten, umgebauten und modernisiertem Hofteil Appartements buchen.

Ponyhof Schleithoff –
Fam. Schulze Schleithoff
Herkentrup 4
48329 Havixbeck
Tel: 0 25 07 / 12 27

Gastronomietipp
Ein Dauerbrenner für Hungrige und Durstige in den Baumbergen Klute's Historisches Brauhaus, mit Brauereimuseum, Biergarten und westfälischer Küche. Klute's liegt am Ortsrand von Havixbeck und ist täglich geöffnet:
Klute's Historisches Brauhaus
Poppenbeck 28
48329 Havixbeck
Tel: 0 25 07 / 9 83 90

Schöppingen – zwischen Kunst und Kirchturm

Auch eine Art Worpswede

Wenn Künstler aus aller Welt für ein Jahr in das kleine Dorf Schöppingen kommen, finden sie dort Muße und Inspiration für ihre Bilder, Skulpturen und Gedichte.

Schöppingen ist der Ort, an dem sich ausgesuchte Talente auf ihre Arbeit konzentrieren dürfen, zurückgezogen im Künstlerdorf mit Werkstätten, Ateliers und Schreibstuben. Schöppingen ist also das kleine Worpswede des Westmünsterlandes. Das kleine Rathaus aus dem 16. Jahrhundert ist der Mittelpunkt des Dorfes. Es ist aus dem Bruchstein des Schöppinger Bergs gebaut und der ganze Stolz der Dorfbewohner, mühevoll restauriert. Damit wäre über Schöppingens Ortskern eigentlich schon alles gesagt – ein idyllisches Dorf am Fuße der höchsten Erhebung in der flachen Landschaft – hätten sich nicht hundert Meter vom Dorfplatz entfernt Künstler aus ganz Deutschland und Europa eingenistet. Der alte Hof ist seit zehn Jahren Ruhepol für Maler, Literaten, Bildhauer und Fotografen. Im Künstlerdorf leben und arbeiten sie ein halbes Jahr lang auf Kosten einer Landesstiftung – und wenn dieses halbe Jahr vorbei ist, bleiben einige manchmal einfach hier hängen. Einer, der gerade angekommen war, hatte gleich ein Problem – 29 Jahre alt und schon so erfolgreich, dass er alle seine Bilder verkauft bekommt: Norbert Bisky, geboren im Osten Deutschlands, Berliner und Vertreter einer Kunstrichtung, die für Wirbel sorgt. Seine Motive erinnern an eine Popversion der Kunst aus dem Sozialismus, Kunstkritiker rümpfen die Nasen, und das gefällt ihm. Andere machen hier Urlaub: Bei Bernhard Schulze-Althoff; er stammt vom „Alten Hof" – den er zusammen mit seinem Sohn und seiner Frau für Feriengäste hergerichtet hat. Ferien auf dem Bauernhof – das heißt bei den Schulze-Althoffs: Urlaub mit Anschluss an das Familienleben, Ausspannen beim Füttern, Striegeln und Streicheln.

Das Dorfleben hier hat auch schon so manchen Künstler inspiriert – Kunst in der Scheune und Kunst auf der Wiese. Ein Werk ist einer Kapelle

Foto: Gemeinde Schöppingen

Gemeinde Schöppingen – Altes Rathaus von 1583.

Foto: © Ingo Wandmacher

Künstlerdorf in Schöppingen.

nachempfunden – das katholische Münsterland hinterlässt eben auch Spuren in der Bildhauer-Seele. Denn mit Schöppingen ist untrennbar das kirchliche Leben verbunden.

Wir reisen weiter, nach Schöppingen-Eggerode – und wandeln auf den Spuren der Wallfahrt. 500 Landfrauen aus Steinfurt pilgern zur Kapelle und beten zum Gnadenbild. Da steht es, das Madonnenbild, ein Mitbringsel der Kreuzfahrer aus dem 13. Jahrhundert. Die Madonna soll Wunder bewirken, Trost spenden – seit knapp 700 Jahren glauben die Katholiken an die Kraft der „Lieben Frau vom Himmelrech" in Eggerode. Nur ein paar Meter vom Gnadenbild entfernt steht der Laden von Marion Frye. Ein halbes Leben lang schon verkauft sie Andenken und Devotionalien in Eggerode. Er ist Informationszentrale und ein Ort an dem die Pilger über ihre Sorgen und Hoffnungen sprechen.

Wesentlich bunter und durchaus auch anregend geht es im nahegelegenen Vogelpark „Metelener Heide" zu. Er ist mit fast 17 Hektar der größte seiner Art in Nordrhein-Westfalen. Da gibt es fast alles, was das Herz eines Vogelfans höher schlagen lässt: einen Wiesenteich mit Wassergeflügel, eine Stelzvogelwiese, eine Greifvogelanlage und sogar ein Tropenhaus. Exotische Wesen tummeln sich da im Vogelpark. Zu bewundern sind die schönen Flamingos, stolze Emus, bunte Papageien und trillernde Sittiche, mächtige Straußenvögel und die klugen Eulen natürlich. Und, Schüler,

Foto: © Ingo Wandmacher

Das Madonnenbild, ein Mitbringsel der Kreuzfahrer aus dem 13. Jahrhundert.

Foto: © Ingo Wandmacher

Wallfahrtskirche Eggerode

freut euch: Es gibt sogar eine Vogelparkschule! Wer die besucht, der weiß anschließend auch, wer in der Limikolenanlage zuhause ist. (Sicher, das sind Wat- und Sumpfvögel … manche wissen das schon vorher und können dann damit angeben.) Zudem lässt sich in der Naturschutzausstellung sicher noch der eine oder andere Rat mitnehmen, wie man durch sein eigenes Verhalten dazu beitragen kann, dass die Umwelt für Tier und Mensch sauber bleibt. Und nach so viel neuem Wissen wird es Zeit für einen Imbiss.

Alles auf einen Blick:

Vogelpark Metelener Heide
Samberg 60
48629 Metelen
Tel: 0 25 56 / 3 00
www.vogelpark-metelen.de
Öffnungszeiten:
täglich 9.00–19.00 Uhr
(März bis einschließlich Oktober)

Gemeinde Schöppingen
Amtsstraße 17
48624 Schöppingen
Tel: 0 25 55 / 880

Künstlerdorf Schöppingen
Feuerstiege 6
48624 Schöppingen
Tel: 0 25 55 / 9 38 10

Ferienhof Bernhard Schulze-Althoff
Heven 48
48624 Schöppingen
Tel: 0 25 55 / 9 38 50
Ein Ferienappartement für zwei Erwachsene und zwei Kinder ist für 85 bis 100 DM zu haben, Frühstück kostet pro Person zehn Mark. Kutschfahrten kosten die ersten 45 Minuten 35 Mark, jede weitere 45 Minuten 25 Mark.
Schnupperangebot: An jedem ersten Wochenende im Monat (Samstag, Sonntag nachmittags) bieten die Schulze-Althoffs eine Kaffeetafel für Besucher, die den Hof kennen lernen möchten.

Religiöse Gedenkstätte
Schöppingen-Eggerode
Thomas und Marion Frye
Tel: 0 25 45 / 467

Die Stars aus dem Vogelpark Metelener Heide

Fotos: Vogelpark Metelen

Häuser erzählen Geschichten

Münsters gute Stube

Die Bierfreunde Münsters gerieten im Jahre 1895 in Wallung: Da sollte doch glatt die Polizeistunde vorverlegt werden. Der trinkfeste Teil der Bevölkerung ließ das nicht mit sich machen – er demonstrierte über eine Woche lang.

Der „Bierkrieg“ von Münster ist nur eine von vielen kleinen Geschichten, die Münsters Häuser bergen. Die Stadt ist nicht nur die „gute Stube Westfalens“, sondern Ort kurioser Geschichten. Hauptdarsteller sind Hexen, Verbrecher, Handwerker und münstersche Originale. Orte der Handlung sind die historischen Gemäuer rund um Prinzipalmarkt, Dom und Kuhviertel, aber auch die grünen Vororte, wie etwa Handorf am Flüsschen Werse.

Hinter jedem Giebel am Prinzipalmarkt verbirgt sich eine Geschichte. Haus Nummer 48 verkündet: „Diesen Einwohner und mich, oh Herr, bewahr um deines Namens Ehre“. Was klingt wie ein Kalenderspruch, ist Teil der Philosophie der Bürger am Prinzipalmarkt in Münster. Ehrbar sind sie, gläubig und kaufmännisch äußerst begabt. Das Haus Nummer 48 ist eines der wenigen, die den Zweiten Weltkrieg einigermaßen heil überstanden haben. Es wurde 1627 gebaut und ist heute im Besitz der Kleimanns, einer Konditoren-Familie. „Wann immer japanische Touristen in der Stadt sind, fotografieren sie den alten Giebel,“ meint Bernd Kleimann. Eine Leidenschaft, die der Konditormeister durchaus verstehen kann und gelegentlich in Marzipan dokumentiert.

Die schmucken Häuser des Prinzipalmarkts machen um die stolze Kirche St. Lamberti eine schwungvolle Kurve. Ob früh oder spät, ob

Foto: © Ingo Wandmacher

Detailausschnitt aus dem Giebel Haus Nummer 48 am Prinzipalmarkt in Münster.

Häuserzeile auf dem Prinzipalmarkt – im alten Rathaus wurde der Westfälische Friede besiegelt.

Herbst oder Sonne – der Prinzipalmarkt ist immer ein Fotomotiv wert und Münsters Stadtväter können sich gratulieren, dass sie ihre Touristenattraktion wieder aufbauen ließen. Nach dem Zweiten Weltkrieg lag der stolze Prinzipalmarkt nämlich in Schutt und Asche.

Aber die Münsteraner haben ihren historischen Prinzipalmarkt wiederaufgebaut – als einen bunten Stilmix, nicht immer angelehnt an das Original vergangener Zeiten.

1956 wurde das Prunkstück des Prinzipalmarkts wiederhergestellt – das gotische Rathaus aus dem 14. Jahrhundert, erbaut aus Baumberger Sandstein. Es repräsentiert Reichtum und Bürgerstolz der Stadt im späten Mittelalter. Es ist außerdem ein bedeutender Schauplatz der Geschichte. Hier fanden vor rund 350 Jahren die Verhandlungen zum spanisch-niederländischen Frieden statt. Gesandte aus ganz Europa versammelten sich hier, die Verhandlungen dauerten Jahre und schließlich wurde im Friedenssaal zu Münster der Westfälische Friede 1648 besiegelt. Jeder der Gesandten brachte seinen ganzen Hofstaat mit. Die Stadt beherbergte hunderte Fremde.

Der Turm der nahegelegenen Lamberti-Kirche erinnert an ein anderes,

Lamberti-Kirche in Münster: in früheren Zeiten Schauplatz blutiger Stadtgeschichte.

blutigeres Kapitel der Stadtgeschichte. Gegen die katholischen und weltlichen Herrscher traten im 16. Jahrhundert die Wiedertäufer an, eine sektenähnliche Gemeinschaft, angeführt vom Niederländer Jan van Leiden. Er machte aus Münster einen Ort der Vielweiberei, des Suffs und des tausendfachen Mordes. Es dauerte Jahre, bis die Wiedertäufer besiegt und ihre Anführer grausam gerichtet wurden – mit glühenden Eisenzangen gefoltert, getötet und danach zur Abschreckung in drei eisernen Käfigen hoch über Münster am Lamberti-Turm den Krähen zum Fraß überlassen.

Bis auf die Käfige erinnert kaum etwas an den Wiedertäufer-Spuk. Münster wurde wieder das, was es war: eine Stadt ehrbarer, katholischer Kaufleute. Wären da nicht Akten, die nachweisen, wo die Wiedertäufer einst gelebt haben. Ein Haus in der

Salzstraße gehörte einer Wiedertäufer-Familie. Heute lädt es zu Kaffee und Kuchen ein – das Cafe Grotemeyer feierte jetzt das 150. Jubiläum.

Im Sommer lässt es sich hier, gleich neben dem Café, gegenüber dem prächtigen Erbdrostenhof, gemütlich sitzen. Dafür brauchen die Münsteraner dann keine Extra-Einladung mehr. Der Erbdrostenhof ist eines der architektonischen Vermächtnisse des Barock-Baumeisters Johann Conrad Schlaun. Der noble Adelspalast, gebaut Mitte des 18. Jahrhunderts, gilt als eines seiner Meisterwerke.

Wer die Straßen und Gassen rund um den Prinzipalmarkt verlassen will, schwingt sich am besten auf das Rad. Münsters grüne Promenade führt in weiten Kurven rund um die Innenstadt und zu vielen weiteren Sehenswürdigkeiten. Immer wieder begegnen dem Besucher die Werke Schlauns. Da wäre das Schloss, im 18. Jahrhundert als Residenz des Fürstbischofs Maximilian Friedrich gebaut, heute Hauptverwaltung der Universität Münster.

Von der Überwasserkirche geht es über den Domplatz wieder zum Prinzipalmarkt. Die Adelspaläste und Bürgerhäuser sind das bekannte, das historische Gesicht der Stadt.

Münster wäre nur halb so schön, wäre da nicht das Bier: Pinkus Müller ist eine Brauerei mit Tradition, ein Exportschlager und selbst rheinländischen Bierfreunden ein Begriff. Münster war schon immer eine Stadt, in der viel Gerstensaft getrunken wurde. Früher, weil das Brunnenwasser nicht das beste war, später einfach so aus Spaß. Das belegt auch eine Kneipenzählung Ende des letzten Jahrhunderts. „Münster hatte mehr Schänken, als die Polizei erlaubt," weiß Barbara Müller aus der Müller-Bier-Dynastie zu erzählen, und nimmt einen kräftigen Schluck kühles Blondes zu sich.

Alles auf einen Blick:

Informationen zu Münster:
Stadt Münster
Amt für Stadtwerbung und Touristik
Stadthaus 1
48127 Münster
Tel: 02 51 / 4 92 27 10
Zimmerreservierung:
Tel: 02 51 / 4 92 27 12

Alternative Stadtführungen zu den Themen Westfälischer Friede, Bierkrieg, Wiedertäufer etc. sind zu buchen bei:
StattReisen Münster
Rothenburg 47
48143 Münster
Tel: 02 51 / 4 14 03 33

Pinkus Müller GmbH
Brauerei
Kreuzstr. 7
48143 Münster
Tel: 0251 / 451 451 oder 451 452

Cafe Kleimann
Prinzipalmarkt 48
48143 Münster
Tel: 02 51 / 43064

Cafe Grotemeyer
Salzstr. 24
48143 Münster
Tel: 02 51 / 4 24 77

Sauerland

Verlockend schöne Winterlandschaften, viele Berge, herrliche Seen und leckeres Bier – das finden Sie im Sauerland, mitten in Deutschland. Der „Kahle Asten" bei Winterberg ist mit 841 Metern einer der höchsten Berge der Region. Das größte Feriengebiet des Landes ist das Hochsauerland und jede Menge Weihnachtsbäume kommen von hier. Wir starten in Bruchhausen mit einem winterlichen Streifzug durch **Tannengrün und Plästerlegge.**

Dass es **Rund um den Hennesee** wunderschön ist, wissen Campingprofis schon lange – deshalb zieht es sie auch zum Henneseecamp. Der nächste Streifzug führt **Ins Tal der**

Lenne. In diesem Fluss üben Angler die Kunst des „Fliegenfischens". Bevor die Lenne in die Ruhr mündet, bietet sich bei Lethmate ein Ausflug in eine Tropfsteinhöhle an. Wenn's auch draußen tropft, lohnen sich Museumsbesuche in der nächsten Stadt. **Lüdenscheid: Die Stadt der Erfinder** blieb von Kriegszerstörungen weitgehend verschont. Knöpfe brachten der Stadt den Reichtum.

Informationen:

Touristikzentrale Sauerland

Heinrich-Jansen-Weg 14
59929 Brilon

Tel: 0 29 61 / 94 32 29

www.sauerland-touristik.de

Tannengrün und Plästerlegge

Ein winterlicher Streifzug

Wir starten in Bruchhausen. Schon von Weitem sichtbar ragen die „Bruchhauser Steine“ in die Landschaft. Das Wahrzeichen des Ortes aber ist ein verwunschenes Schloss. Weiter geht’s nach Brilon, der alten, historischen Hansestadt und ehemaligen Hauptstadt des Herzogtums Westfalen. Die waldreichste Stadt Deutschlands gilt als die Heimat des Tannenbaums und ihr Weihnachtsmarkt als einer der schönsten im Sauerland. Weiter geht’s über die Briloner Höhen nach Bruchhausen. Nach einem Abstecher zum „Plästerlegge“, dem einzigen Wasserfall Nordrhein-Westfalens, schauen wir den Bierbrauern in den Kessel.

Majestätisch ragen sie in die Landschaft, die Bruchhauser Steine. Von den gewaltigen Steinbrocken aus der Devonzeit ist der Feldstein der einzige, den man besteigen kann. Sein Birkenkreuz soll an die Heimkehrer aus dem Zweiten Weltkrieg erinnern, die den Weg zurück in ihre Heimat schafften. Vom Gipfel aus hat man eine gute Sicht auf Ravenstein, Goldstein und Bornstein, die restlichen Bruchhauser Steine. Und wenn die Wolken aufreißen, kann man den Blick weit über die Höhen des Hochsauerlandes schweifen lassen.

Mit 756 Meter ist man hier fast so hoch wie auf dem Kahlen Asten, der höchsten Erhebung des Sauerlandes. Nur das letzte Stück auf den Feldstein verlangt ein bisschen Kraxeln. Doch größtenteils ist es ein bequemer Wanderweg, der durch das ein-

Foto: Brilon Touristik

Blick zur Probsteikirche in Brilon.

zigartige Naturschutzgebiet führt, hinunter bis nach Bruchhausen.
Schmuckstück des oftmals prämierten Ortes ist die Gutsanlage der Freiherrn von Fürstenberg-Gaugreben. Das Wasserschloss bewohnt der Hausherr selbst. Rechts in der Rentei ist die Forstverwaltung untergebracht, daneben in der ehemaligen Meierei, einem wunderschönen Fachwerkgebäude, geht es zur Gutsschänke und in die eigene Hofbrauerei. Mit vorheriger Anmeldung kann man auch das kleine Kutschenmuseum besichtigen. Die Prunkstükke aus dem Privatbesitz der Freiherren von Fürstenberg geben einen Eindruck davon, wie luxuriös man sich einst durch die Wälder bewegte. Ob mit Schlitten oder Jagdwagen – die einstige High-Society bestand auf den stolzen Adler am Gefährt.
In der Hofbrauerei wird mit reinem Quellwasser ein naturbelassenes Bier hergestellt, das in Reifefässern lagert, bevor es von Hand in Spezialflaschen abgefüllt wird. Mit Blick in den Sudraum kann man sich nebenan im Braustübchen das Bornsteiner Bier

Foto: Wilhelm Fröndhoff

„Plästerlegge", der einzige Wasserfall in Nordrhein-Westfalen.

schmecken lassen, das seinen Namen dem höchsten der Bruchhauser Steine verdankt. Zum Pils und Spezial wird warmes Treberbrot gereicht, das aus den Braurückständen hergestellt

Foto: Freiherr von Fürstenberg Gaugreben'sche Verwaltung

Hier in der Hofbrauerei Fürstenberg-Gaugreben wird naturbelassenes Bier gebraut.

Foto: Verkehrsverein Bruchhausen

Die Bruchhauser Steine ragen majestätisch in die Landschaft.

wird. Zusammen mit frischem Griebenschmalz ist das eine handfeste Grundlage für das kräftige Landbier. Der Besuch der Gutsschänke gehört ebenso zur Bruchhauser Landpartie wie die Wanderung zu den Steinen.

Über die weite Hochebene kommt man nach Brilon. Markanter Punkt der Stadtsilhouette ist die Probsteikirche, deren Westturm als das Wahrzeichen der Stadt gilt. Der anerkannte Luftkurort war früher Hansestadt und bietet dem Interessierten eine geschichtsträchtige Vergangenheit. Bereits im Jahre 1220 erhielt Brilon die Stadtrechte. Es war einst Kreuzungspunkt wichtiger Heer- und Handelsstraßen und die Hauptstadt des Herzogtums Westfalen. Im Zentrum, auch die gute Stube genannt, lag früher der Sitz des Kurkölnischen Bergamtes mit dem Wahrzeichen des Bergbaus im Portal, gegenüber das 1250 erbaute Rathaus, ein ehemaliges Gildehaus.

Auf demselben Platz, an dem schon im 13. Jahrhundert eine Kapelle für die Briloner Kaufleute stand, wurde die Nikolaikirche errichtet, eins der letzten Bauwerke im Spätbarock- und Rokokostil in Westfalen. Hier finden die eindrucksvollen Kerzenkonzerte statt, doch auch der Chor der Marienschule lässt diesen Raum erklingen.

Nadelholzkulturen, so weit das Auge reicht. Sie prägen die Landschaft rund um Brilon. Zur Weihnachtszeit wird im Akkord gearbeitet. Klagen über das Wetter kann sich niemand leisten. Die Zeit läuft, und wer sein Geschäft nicht bis zum Heiligen Abend gemacht hat, kriegt nichts mehr in die Taschen. Die kleine Maschine zum Binden der Bäume ist da ein echter Gewinn, und gegen die frostige Kälte hilft zwischendurch ein kleines Schlückchen. Ob klein oder groß: circa 5 Millionen Bäume verlassen das Hochsauerland in jeder Saison, damit versorgt wird vor allem das Ruhrgebiet

Plästerlegge heißt der einzige Wasserfall Nordrhein-Westfalens. Was soviel heißt wie „Regnen auf schiefriges Gestein". In trockenen Monaten führt er mitunter keinen Tropfen Wasser. Aber wenn es ausreichend geregnet hat, ist es ein Naturschauspiel ohnegleichen.

Im eisigen Winter, wenn der Frost das Wasser in glitzerne Vorhänge verwandelt, ist der Weg hierhin besonders reizvoll. Das sagen die Leute aus Wasserfall, denn auch der Ort heißt so. Doch solange die Temperaturen über Null liegen, plätschert der Plästerlegge munter ins Tal, bevor er irgendwo in diesem einzigartigen Quellgebiet versickert..

Nicht nur zur Weihnachtszeit lohnt sich ein Abstecher nach Siedlinghausen. Dort haben die Eisenbahnerfreunde im Haus des Gastes eine computergesteuerte Modellbahnanlage aufgebaut. Jeden Sonntag von 11 bis 13 kann man hier Hunderte von Schienenfahrzeugen bewundern. Viele detailgetreue Szenarien ziehen den Blick auf sich und lassen nicht nur Kinderherzen höher schlagen.

Zurück in Brilon. Das Derkere Tor ist als ältestes Stadttor, ein Überrest der historischen Befestigungsanlage. Gleich gegenüber – nahe dem Stadtzentrum mit seiner historischen Altstadt – liegt das Hotel Rech. Es ist ein komfortables Haus mit imposanter Fassade und liebevoller Einrichtung. Brilons Gastronomie hat einen ausgezeichneten Ruf, und so lässt sich in diesem Familienunternehmen nicht nur behaglich wohnen, sondern auch köstlich speisen.

Foto: Brilon Touristik

Das Derkere Tor in Brilon.

Alles auf einen Blick:

Brilon-Touristik e. V.
Steinweg 26
59929 Brilon
Tel: 0 29 61 / 9 69 90
www.brilon.de

Freiherr von Fürstenberg Gaugreb'sche Hofbrauerei
Freiherr von Fürstenberg
Gaugreb'sche Verwaltung
Bruchhausen a. d. Steinen
Rentei Schlosshof
59939 Olsberg
Tel: 029 62 / 9 76 70
In der Gutsschänke gibt es viele Spezialangebote für Feste.

Eisenbahnfreunde Siedlinghausen e.V.
Ausstellungsräume im „Haus des Gastes" in Winterberg-Siedlinghausen
Tel: 0 29 83 / 3 90

Rund um den Hennesee

Ein Tag im Paradies

„Hennesee“ heißt das Naherholungsgebiet, in dem Meschede liegt. Im Süden begrenzt vom Naturpark „Homert“ und dem Rothaargebirge, im Norden vom Naturpark „Arnsberger Wald". Bei soviel ursprünglicher Natur ist der Alltag schnell vergessen. Zumal neben dem See auch noch Bauern- und Reiterhöfe locken, in denen gestresste Städter in ruhige Feriengäste verwandelt werden.

Ein Morgen im Sauerland am Hennesee. So früh, dass nur wenige Unerschrockene den Weg zum ruhigen Wasser finden und dennoch kommen die Dinge rund um den Hennesee in Bewegung. In der Benediktinerabtei Königsmünster beginnt bereits das zweite Tagesgebet, ohne Pater Reinald, denn der muss Eier suchen bzw. finden, denn die Hennen waren besonders fleißig und haben sich ihren täglichen „Freigang“ redlich verdient. Auch für die Islandpferde bei Elisabeth Berlar beginnt ein neuer Arbeitstag und auf dem Bauernhof Heinemann heizt Franz den Ofen fürs Brotbacken vor. Die Hennetalsperre in ihrer heutigen Form gibt es seit 1955. Aus einem Tal mit plätscherndem Bach wurde ein schiffbarer Stausee. Fast sieben Kilometer lang durchzieht er die Mittelgebirgslandschaft südlich von Meschede, wo die Henne in die Ruhr mündet. Findet die Sonne ihren Weg durch die dichten Wolken, haben die Haubentaucher den See nicht mehr lange für sich allein. Bei schönem Wetter sind auch die Mescheder gern am Wasser.

Foto: Ute Heinemann

Auf dem Bauernhof Heinemann in Meschede ist fast alles erlaubt!

Foto: Schöning Verlag, Lübeck.

Die Hennetalsperre bei Meschede, kurz Hennesee genannt.

Immer zur vollen Stunde fährt die MS Hennesee vom nördlichen zum südlichen Ufer – und wieder zurück. Ein Privileg, denn der Dampfer ist das einzige motorisierte Boot, das den Hennesee regelmäßig befahren darf. Oliver Kreienbaum war einmal Deutschlands jüngster Kapitän – nun fährt er bereits seit fast einem Jahrzehnt auf diesem Wasser. Sein Schiffshund ist immer mit dabei und nimmt Touristenströme und Wetterbedingungen gelassen hin.

Campingprofis ziehts zum Henneseecamp. Wer einen richtig schönen Platz will, muss sich beeilen, die 500 Plätze sind heiß begehrt. Der Anblick der idyllischen Hanglage lässt Camperherzen höher schlagen – einmal richtig eingerichtet, kann der Campingsommer kommen.

Wesentlich beschaulicher ist es im nahen Kloster Königsmünster. Auch hier lässt sich Urlaub machen: Wer möchte, kann mit den Benediktinern beten und essen - das allerdings ohne dabei zu sprechen, so lauten die Regeln. Eine gewisse Prominenz im Kloster hat Pater Reinald erreicht. Der gelernte Landwirt kümmert sich um die klösterliche Viehhaltung und ganz besonders um das liebe Federvieh - und so kam er zu seinem Spitznamen, doch der „Putenpater“ ist vielseitig und auch als Autor ist er tätig. Obwohl er als Schüler das Aufsatz-Schreiben hasste, hat er inzwischen fünf Bücher geschrieben. Seine Texte aus dem Leben werden gern gelesen und so ist er auch auf jedem Fest in der Umgebung immer willkommen. Dafür gibts sogar schriftliche Beweise, die die Wände seines Büros zieren. Benediktiner-

Foto: Oliver Kreienbaum

Der Hund von Kapitän Kreienbaum mag Touristen.

Waldhaus Föckinghausen – hier ist idyllisches Ausspannen kein Problem.

mönche wissen halt zu leben und zu genießen, schließlich waren sie es, die die Kunst des Bierbrauens in ihren Klöstern pflegten. In großer und in kleiner Runde ist Pater Reinald als Tischpartner mehr als beliebt. Doch der Alltag in der Landwirtschaft ist auch ein Knochenjob. Aber genau dieses Handfeste gefällt dem Puterpater am Benediktinerorden so besonders. Denn er verbindet Glauben, Leben und Arbeit - getreu der Ordensregel: ora et labora.

Wer nicht direkt ins Kloster möchte, bekommt die Paterputen auch in der näheren Umgebung professionell zubereitet. Zum Beispiel von Antonius Knippschild. Gelernt hat er u.a. beim 3-Steme-Koch Jean-Claude Bourgeuil im rheinischen Düsseldorf. Danach kehrte er ins Sauerland zurück und übernahm den Betrieb der Eltern. Hier kocht er eine leichte, frische Kost mit Produkten aus der Region. Das Waldhaus Föckinghausen blickt auf eine lange Tradition zurück. 1764 erbaut, entwickelte sich aus dem ursprünglichen Bierausschank für Waldarbeiter ein beliebtes Ausflugsziel, nicht zuletzt wegen der idyllischen Lage am Waldrand. Auch die lokale Jägerschaft schaut regelmäßig vorbei und liefert zur Jagdzeit ihren Beitrag zum Speiseplan.

Auf dem Ferienbauernhof der Familie Heinemann muss keiner nur zuschauen, wenn im historischen Backhaus die Laibe hineingeschoben werden. Wenn der Bäcker jeden zweiten Freitag kommt, müssen alle mit anpacken. In den Ofen passen bis zu 70 Brote und die gehen in der Küche von Frau Heinemann weg wie warme Semmeln. Damit keine Langeweile aufkommt, können Großstadtkinder sich hier im Stall nützlich machen und beim Kälbertränken helfen. Doch so einfach ist das nicht, wie es auf den ersten Blick schaut. Und wem die „harte" Arbeit zu viel ist, der kann sich auch ins Stroh zurück ziehen. Eigentlich ist auf dem Hof so ziemlich alles erlaubt, was den arbeitsreichen Alltag eines Bauernlebens nicht stört. Zu sehen gibt es immer etwas: Ein Bernhardiner und eine Ziege sind unzertrennlich, ein deutsches Wildschwein lebt gemütlich mit einem vietnamesischen Hängebauchschwein. Multi-Kulti auf den Bauernhof.

Foto: Richter / Schmallenberg

Isländer-Reiterhof in Bestwig-Berlar: Los geht's zum Ausritt.

Wem der Sinn nach Höherem steht, dem bietet der Flughafen in Schüren vielfältige Möglichkeiten: Segel- oder Motorflug stehen zahlenden Gästen am Wochenende offen. Entsprechende Luftfestigkeit vorausgesetzt, lassen sich die erfahrenen Piloten auch zum Kunstflug hinreißen. So bleibt die sauerländische Bergwelt rund um den Hennesee als ein Erlebnis der besonderen Art in guter Erinnerung.

Alles auf einen Blick:

MS Hennesee
Inhaberin: Alexa Kreienbaum
Tel: 0 29 35 / 15 96
Schiffstelefon: 01 71 / 7 75 09 57

Sauerland-Camp Hennesee
Sabine Rasche
59872 Meschede
Tel: 02 91 / 9 99 50
E-Mail: info@hennesee.com

Benediktinerabtei Königsmünster
59851 Meschede
Tel: 02 91 / 2 99 50
www.koenigsmuenster.de

Hotel Waldhaus Föckinghausen
Familie Knippschild
59909 Bestwig-Föckinghausen
Fax: 0 29 04 / 9 77 60

Isländer-Reiterhof Elisabeth Berlar
Bastenstraße 17
59909 Bestwig-Berlar
Tel: 0 29 05 / 12 63

Ferien-Bauernhof Heinemann
Obermielinghausen 1
59872 Meschede
Tel: 02 91 / 5 08 34

Segel- und Motorsportflugplatz Schüren
59872 Meschede
Flugleitung
Tel: 02 91 / 5 32 20
Öffnungszeiten: Sa., So. und Feiertags

Im Tal der Lenne

Aus der Mitte entspringt ein Fluss

Ein Streifzug von der Quelle bis zur Mündung des alten Industrieflusses Lenne, der im Hochsauerland entspringt und bei Hagen in die Ruhr mündet. Wir ziehen vorbei an Museen und Burgen, besuchen einen Bauernhof und werfen bei Letmathe einen Blick in die Dechenhöhle mit ihren beeindruckenden Tropfsteingebilden.

Die Bienen finden ihre erste Nahrung an den Weiden, die die Lenne säumen – ein sicheres Zeichen, dass der Frühling kommt. Im Sauerland zeigt er sich erst 14 Tage später als im benachbarten Rheinland. So ist im Frühjahr die Luft noch recht frisch, wenn die ersten Sonnenstrahlen das Ende der kalten Jahreszeit an der Lenne anzeigen und wer draußen wandern will, der muss sich warm einpacken.

Es ist die Zeit, einem besonderen Schauspiel beizuwohnen, denn der Fluss bietet Anglern Besonderes: Hier darf nur mit der Fliege gefischt werden und das ist eine ganz andere Art des Angelns. Als Köder für die Fische werden hier kunstvolle Imitationen von Insekten, Insektenlarven, Krebstierchen, aber auch kleinen Fischen verwendet. Gut verpackt steigen die Experten hinein ins kalte Wasser, um mit selbst gebundenen Fliegen die hungrigen Fische kunstvoll zu überlisten. Ein Geheimnis dabei ist die richtige Wurftechnik, denn schließlich soll der Köder so mühelos dicht über der Wasseroberfläche schweben wie das eine echte „Fliege“ tun würde. Bei 40 Meter Schnur ist das eine Aufgabe für echte Könner.

Foto: Stadt Lüdenscheid

Landschaft an der Lenne – schöner geht's fast nicht.

Die Lenne entspringt am Kahlen Asten. Ihre Quelle macht nicht viel her, aber alle Flüsse fangen einmal klein an und im Frühjahr, wenn der Winter weicht, liegt hier oben ein aromatischer Duft in der Luft. Er stammt vom Bärlauch. Der wilde Knoblauch findet sich nur bis Mitte Mai in den Laubwäldern. Auf feucht-nassem Boden mit viel Licht gedeiht das frische Grün am besten – sehr zur Freude von Feinschmeckern, denn der intensive Bärlauchgeschmack ist schon seit längerem in deutschen Nobelküchen en vogue. Im Waldhaus Ohlenbach, einen Katzensprung von der Lennequelle entfernt, kommt Bärlauch schon seit Jahrzehnten auf den Tisch. Raffinierter als die beliebten „Arme Jüngelkes" sind hausgemachte Nudeln mit Bärlauchfüllung – die Spezialität der Chefköchin Christa Schneiders. Sie sind nicht ganz so preiswert wie Schälrippchen, mit einem Stück Zander, Blattspinat und Buttersoße ein dennoch erschwingliches Vergnügen. Pensionsgäste dürfen hier übrigens selber aufschreiben, was sie während ihres Aufenthalts gegessen und getrunken haben. Das Vertrauen vom Ehepaar Schneider wurde bis jetzt immer belohnt und sorgt gleichzeitig für eine ganz besondere Atmosphäre und immer mehr Gäste.

In Westfeld, einem Schmallenberger Ortsteil, ist die Lenne bereits ein richtiger Bach – umgeben von gepflegten Fachwerkhäusern mit den typischen Schieferdächern. Schon Friedrich Wilhelm Grimme lobte den Anblick der – wie er sagte – blanken reinlichen Dörfer des Lennetals. Sie seien so appetitlich einladend, dass man sich gleich auf die Sohlen machen solle, das romantische

Foto: Erwin Neu

Bärlauch im Wald – aber als Nudelfüllung auch sehr lecker!

Sauerland zu bereisen. Ein paar Kilometer weiter westlich heißt ein Dorf wie der Fluss und ist wegen seiner Schönheit ausgezeichnet worden. Nicht weit vom Lenneufer entfernt liegt Schönholthausen. Die Einwohner haben ein ganz besonderes Traditionsbewusstsein und Engagement: In Eigenregie baute der harte Kern des Heimatvereins ein altes Stallgebäude zur Heimatstube um. 35 Mann schufteten monatelang und zahlten dabei fast alles aus der eigenen Tasche, um Alltagskultur aus vergangenen Zeiten liebevoll restauriert ausstellen zu können. Sogar ein Haartrockner ist mit dabei. Sämtliche Stücke sind aus der unmittelbaren Nachbarschaft zusammengetragen worden. Die ausgestellten Werkzeuge zeigen auch, dass das Leben in der rauen Berglandregion nicht immer einfach war. Die kargen Böden gaben nicht viel her. Gut gings dagegen denen, die das Wasser der Lenne wirtschaftlich nutzen konnten.

Foto: Dechenhöhle Iserlohn

Kaiserhalle mit meterhoher prächtiger Tropfsteinkaskade.

Nachdem die Kenntnis vom Mühlrad auch ins Sauerland gedrungen war, ging es mit dem wasserreichen Sauerland bergauf: Alte Mühlen sind an jedem größeren Bach zu finden. So auch an der Fretter, die in die Lenne mündet: Die ehemalige Getreidemühle ist über 600 Jahre alt. Drinnen drehen sich weiter die Räderwerke. Alles ist perfekt erhalten und funktioniert einwandfrei – doch Korn wird hier seit Anfang der 80er Jahre nicht mehr gemahlen. Jetzt wird mit der Mühle Strom erzeugt, sie könnte aber jederzeit den Mahlvorgang wieder aufnehmen. Heute wird die Mühle gleichzeitig als urgemütliches Caféstübchen genutzt, in das man am Wochenende nach dem Wandern einkehren kann. Wenn das Bächlein fleißig so viel Strom erzeugt, dass der Hausherr zufrieden ist, führt er auch gern durch die alte Mahlstube, auf die er mächtig stolz ist.

Wer das ganze Lennetal bereisen möchte, muss etwas Zeit mitbringen. Denn der Fluss ist 128 Kilometer lang und schlängelt sich durch die Landschaft. Kurz bevor die Lenne in die Ruhr mündet, gibt es noch eine ganz besondere Attraktion, die gleichzeitig auch ein Schlechtwettertipp ist: Unmittelbar am Hang des Lennetals bei Letmathe geht es in der Dechenhöhle tief unter die Erde: Das kalkhaltige Wasser schafft einen unvorstellbaren Formenschatz. Mit etwas Phantasie kann man hier Zwerge, Feen und Paläste erkennen. Und wem das nicht

Foto: Klaus Birth

Die Frettermühle in Finnentrop erzeugt inzwischen Strom.

Foto: Dechenhöhle Iserlohn

Die Tropfsteingebilde in der Orgelgrotte der Dechenhöhle sind u.a. durch Eisenoxide verfärbt.

sachlich genug ist, der kann sich im benachbarten Museum gleich erklären lassen, wie die Höhle entstand und wann sich der letzte Höhlenbär hier rumgetrieben hat.

Ja, und dann sind es nur noch ein paar Kilometer, bis sich bei Hagen das Wasser der Lenne mit dem der Ruhr vereint. Wunderschön ist auch der Hagener Stadtwald.

Alles auf einen Blick:

Hotel und Restaurant Waldhaus Ohlenbach
Familie Schneider
57392 Ohlenbach
Tel: 0 29 75 / 8 40

Heimatstube Schönholthausen
Öffnungszeiten: 1. Sonntag im Monat von 15.00–17.00 Uhr oder nach telefonischer Anmeldung bei Hubert Menzebach
Tel: 0 27 21 / 5 05 85 oder Volker Kennemann Tel: 0 27 21 / 75 27.

Café Alte Mühle (Frettermühle)
Familie Brill
Mühlenwinkel 2
57413 Finnentrop-Frettermühle
Tel: 0 27 21 / 7 08 72
www.muehlencafestuebchen-brill.de

Dechenhöhle Iserlohn
Dechenhöhle 5
85644 Iserlohn
www.dechenhoehle.de
Öffnungszeiten: November bis März 10.00–16.00 Uhr, April bis Oktober 9.00–17.00 Uhr.

Lüdenscheid: Die Stadt der Erfinder

Wo is denn mein Fabriksken?

Ein winterlicher Streifzug rund um Lüdenscheid. Lüdenscheid war stets eine Stadt der Tüftler und Erfinder. Ein Besuch in den örtlichen Museen lohnt allein der schönen Geschichten wegen. Rund um Lüdenscheid herum gibt es so viele Möglichkeiten zu sportlicher Betätigung, dass ein Winter allein gar nicht ausreicht.

Das Tor zur reizvollen Mittelgebirgslandschaft, so sagt man hier, ist Lüdenscheid. Die Stadt, in der es mehr Produktionsstätten als Pommesbuden gibt, verzeichnet die meisten Patentanmeldungen im Lande. Und dem Volksmund nach fragt jedes Kind gleich nach seiner Geburt den lieben Gott: „Wo is denn mein Fabriksken?"

Vom industriellen Reichtum zeugen auch die zahlreichen Bürgerhäuser und Villen aus der Gründerzeit. Sie sind fast alle gut erhalten, denn Lüdenscheid blieb von Kriegszerstörungen verschont. In einem dieser schönen Häuser wohnte einst der berühmteste Erfinder der Stadt, Kommerzienrat Carl Berg. Schon 1897 konstruierte er, noch vor seinem Freund Graf Zeppelin, das erste Luftschiff. Ein paar Fotografien, ein maßstabgerechtes Modell und der Originalmotor erinnern an den denkwürdigen Tag.

Die erste wirklich einträgliche Erfindung war die der Herstellung von Knöpfen. Sie brachte nicht nur Ansehen, sondern auch Wohlstand in die Stadt. Die einzigartige Knopf-

Foto: Stadt Lüdenscheid

Reizvolles Mittelgebirge rund um Lüdenscheid.

sammlung enthält wertvolle Schätze und belegt die hohe Kunst der Metallverarbeitung, mit der man sich schnell einen Namen machte. Die Konzentration auf Uniformknöpfe sicherte den Fabrikanten eine stabile Ertragslage. Zwar verlangte das von den Graveuren eine perfekte Detailkenntnis der Wappenregeln, andererseits war man aber von modischen Schwankungen unabhängig. Kaum ein Gebiet des alten zaristischen Russland, in dem die Knöpfe nicht aus Lüdenscheid kamen. Wie beim Militär sind auch die Livreeknöpfe der Fürsten- und Adelshäuser strengen Regeln unterworfen und so gehörten auch die von Bülows, von Thurn und Taxis oder zu Lippes zur Kundschaft.

Überall in der Welt waren die Lüdenscheider Kommissionshändler mit ihren Mustertaschen unterwegs. Gegen Ende des 19. Jahrhunderts hatten sie auch den chinesischen Markt erreicht. Glück, Freude und langes Leben, so hießen die Zeichen, die auf die Metalle geprägt wurden, bevor sie ins Reich der Mitte verkauft wurden. Kurz vor Beginn des 20. Jahrhunderts erlebte die Knopfindustrie eine wahre Blütezeit. In fast 250 Fabriken waren die Lüdenscheider mit der praktischen Herstellung der Knöpfe beschäftigt. Messing war das bestimmende Material und die Einführung von Fallhämmern ermöglichte neue Formen und Muster. Mit welcher Präzision diese Geräte funktionierten, davon kann man im Stadtmuseum eine Vorstellung bekommen. Zur Erinnerung erhält übrigens jeder Besucher seinen eigenen Knopf aus Lüdenscheid.

Die Umgebung der Stadt bietet viele Ausflugsmöglichkeiten. Ein beliebtes

Foto: Stadt Lüdenscheid

Wunderschöne Fassaden laden zum Stadtbummel ein.

Ziel ist das Wasserschloss Neuenhof. Es wird allerdings vom Eigentümer bewohnt, weswegen der Blick auf die schöne Fassade genügen muss.

Der nahe Naturpark Ebbegebirge mit seinen kleinen Stauseen hat be-

Foto: Stadtmuseum Lüdenscheid

Knopfmusterkarte von Filigran-Knöpfen.

Leider nur von außen zu bestaunen: Wasserschloss Neuenhof.

sonders im Winter seinen Reiz. Die Fürwigge-Talsperre ist eine der kleinsten und romantischsten im Sauerland. Ein guter Platz, um sich vom Tüfteln und Erfinden zu erholen.
Nicht nur die weltbekannten Wilesco Dampfmaschinen werden in Lüdenscheid hergestellt, auch neun Millionen Fahrzeuge verlassen die Sieper-Werke im Jahr. Trotzdem ist die Stadt keine Konkurrenz zu Detroit, denn jedes Siku-Auto passt in einen kleinen Pappkarton und ist bei Sammlern heiß begehrt.
Über 500 Betriebe widmen sich in Lüdenscheid der Metall- und Kunststoffverarbeitung, der Elektronik und Elektrotechnik sowie der Leuchtenfabrikation. Gleich neben der früheren Aluminiumfabrik, in der Carl Berg die Teile des ersten Luftschiffs montierte, befindet sich seit 1996 die „Phänomenta“. Ein technisches Erlebniszentrum, das die Faszination von physikalischen Phänomenen bietet. Die Resonanz auf die lebendige Ausstellung ist groß, deswegen kommen in jedem Jahr neue Erlebnisräume hinzukommen. Wer sich hier angesprochen fühlt, kann auch dem Club der jungen Forscher beitreten oder an den unterschiedlichen Projektwochen teilnehmen. Die Möglichkeiten zum Experimentieren regen vor allem den Nachwuchs an. Was man selber in die Hand genommen hat, kann man eben schneller und besser begreifen. Und manchmal steht am Anfang eher das Zweifeln und das Staunen.
Die Lüdenscheider haben auch ihr eigenes Bier, benannt nach dem Schutzpatron der Stadt, St. Medardus. Es ist ein untergäriges naturbelassenes Bier, schwach gehopft und deswegen sehr süffig. Bei der Arbeit

des Braumeisters kann jeder zuschauen, denn die Brauanlage steht mitten in Lüdenscheids größter Gaststätte. Die alten Fliesen und vieles mehr erinnern noch an die frühere Nutzung dieses Raumes. Wo heute die meterlange Theke steht, schwamm man einst seine Bahnen durchs kühle Nass. Auf die ungewöhnliche Idee, das ehemalige Schillerbad im Zentrum der Stadt zu einem Brauhaus und Bürgertreff umzubauen, kam vor Jahren der Lüdenscheider Jörg Mehl. Stilistisch mag man über die Verjüngungskur des alten Jugendstilbaus sicher geteilter Meinung sein, aber ein Anziehungspunkt ist er allemal.
Ein anderer feuchtfröhlicher Treffpunkt ist auf die jüngste Idee der Stadt zurückzuführen. Ein Teil des alten Freibadgeländes am Stadtrand wurde zu einem Saunadorf umgebaut: Nun kann man in jeder Holzhütte auf eine andere Art ins Schwitzen kommen.
Die höchste Erhebung des nahegelegenen Ebbegebirges ist die Nordhelle. Hier oben locken – entsprechende Witterung vorausgesetzt - zahlreiche Loipen und kilometerlange Wanderwege in 663 Meter Höhe. Das ist zwar nicht so hoch wie am Kahlen Asten, dem höchsten Punkt des Sauerlandes, aber weit ins Land schauen lässt sich von hier trotzdem. Die Gaststätte nebenan bietet kräftige Kost, bevor es vielleicht auf den langen Weg über den Ebbekamm geht.
„Top drauf" sollten die Freunde des weißen Sports sein, denn als reizvol-

Foto: Brauhaus Schillerbad Hotel

Der Braumeister am Zwickel (Probierhahn) zapft süffiges Merdadusbräu!

Foto: Brauhaus Schillerbad Hotel

Einst Schwimmbad, heute fließt im Brauhaus Schillerbad reichlich Bier.

Foto: Stadt Lüdenscheid.

Im schönen Versetal.

les Privileg bietet die Bergstadt ihren Bürgern am Stadtrand einen eigenen Ski- und Rodelhang. Am Nattenberg kann jeder zur rechten Zeit seinen Winterfreuden frönen. Wenn der Schnee kommt, dann herrscht am Nordhang reges Treiben. Und wenn es nicht schneit, dann geht es für Flachlandtiroler auch fern der Alpen hoch hinauf. Das wollte jedenfalls ein Lüdenscheider Hotelbesitzer, als er eine 18 Meter hohe Betonwand an sein Haus anbaute. Fingerkiller, Sonnenfinsternis oder Mescalito, so heißen die farblich unterschiedlichen Routen, die sich hier erklimmen lassen.

Wenn es draußen dunkel wird und überall die Lichter angehen, könnten sich die Lüdenscheider erneut stolz zurücklehnen, denn die meisten Leuchten kommen aus ihrer Stadt. Aber vielleicht tüfteln sie auch wieder an einer neuen Erfindung.

Foto: Stadt Lüdenscheid.

Kilometerlange Loipen mit merkwürdigen Namen wie „Fingerkiller" kann man am Nattenberg erlaufen.

Foto: Stadt Lüdenscheid.

In Lüdenscheid – Stadt der Erfinder – gibt's viel zu entdecken.

Alles auf einen Blick:

Phänomenta
Gustav-Adolf-Str. 9 – 11
58507 Lüdenscheid
Tel: 0 23 51 / 2 15 32
Öffnungszeiten:
Mo–Fr 10.00–17.00 Uhr,
Sa 14.00–17.00 Uhr
So und Feiertag 11.00–17.00 Uhr.

Stadtmuseum und Sammlung der Städtischen Galerie
Sauerfelder Str. 14
Tel: 0 23 51 / 17 14 96
Öffnungszeiten: täglich (außer Mo) von 11.00–18.00 Uhr. Eintritt frei.

Medardus Bräu
Brauhaus Schillerbad / Hotel
Jockuschstr. 3
58511 Lüdenscheid
Tel: 0 23 51 / 3 62 00
Öffnungszeiten:
So–Do 11.00–24.00 Uhr,
Fr und Sa 11.00–1.00 Uhr.
Germanenschmaus für Gruppen auf Bestellung.

Nordhelle
Gaststätte am Kolburm
Öffnungszeiten:
im Winter täglich von 12.00–18.00 Uhr.
Gut gekennzeichnete Wanderwege und Loipen!

Saunadorf Lüdenscheid
Am Nattenberg 2
58515 Lüdenscheid
Tel: 0 23 51 / 15 74 99

Niederrhein

Für den kleinen Urlaub zwischendurch ist die schöne Landschaft rund um den Niederrhein ideal. Seit 2000 Jahren inspiriert der Fluss Künstler und Kulturschaffende: Die Römer schufen in Xanten gewaltige, sehenswerte Bauten.

Und der **Mix mit Idylle am Niederrhein** mischt Tradition mit Moderne: Den Wallfahrtsort Kevelaer mal per Ballonfahrt zu erleben – na, wie wär's damit? Per pedes hoch hinauf geht's bei **Berge, Bier und Boote**. Danach lockt bei einem Brauereibesuch das kühle Blonde!

Kulinarische Genüsse auf römische Art gibt's in **Reisen und Speisen.** Erleben Sie in einer Herberge, wie einst

die Römer tafelten! Klingt doch verlockend, oder? Und was ein Bergwerk in Walsum und Weinanbau miteinander zu tun haben, erzählen wir in **Kohle, Korken, Karpfen**.

Und schon heißt es nach einem Besuch im Kaffee-Museum **Abschied vom Rhein** zu nehmen, doch nicht ohne die wirklich sehenswerte „Golden Gate Bridge“ zwischen Emmerich und Kleve zu überqueren!

Informationen:

Niederrhein & Düsseldorf
Touristik-Agentur NiederRhein GmbH

Mühlenstege 11
47546 Kalkar

Tel: 0 28 24 / 92 35 92

www.NiederRhein-Touristik.de

Mix mit Idylle am Niederrhein

Von Ballon- und Trabrennfahrern

Lust auf Abwechslung? Eine Tour zwischen Wachtendonk, Wesel, Kleve und Kevelaer bietet Besuchern den Mix von Historie, Tradition und Moderne.

Ballontouren sind etwas für Menschen mit Geduld, denn der Wettergott nimmt auf Buchungspläne keine Rücksicht: Ist es zu heiß, stimmt die Thermik nicht. Ist es zu windig, geht auch nichts. Na ja, und bei Regen erübrigen sich ohnehin alle Überlegungen.

Das Team der „Balloon Operating GmbH" veranstaltet vom bekannten Wallfahrtsort Kevelaer aus Fahrten für 350 Mark pro Person inklusive Versicherung. Bis zu acht Passagiere kann der Ballon in die Lüfte heben und ihnen das einmalige Erlebnis des Ballonfahres bescheren.

Foto: Balloon Operating Geoffrey Beckwith.

Wenn die Thermik stimmt, geht's per Ballon in die Lüfte.

Die Gegend zwischen Kleve, Kevaeler, Moers und Wachtendonk bietet einen spannenden Mix mit Idylle. Zum Beispiel die Halbinsel Schenkenschanz nahe Kleve. Wie eine kleine Trutzburg zeigt sich der Ort, dessen Schutzmauer gegen Hochwasser früher ein Festungswall war. Die Mittelalterlichkeit des Dörfchens versteckt sich heutzutage zwar etwas hinter den modern sanierten Fassaden. Dennoch ist der Besuch ein Erlebnis, weil kaum ein Auto den Spaziergang durch den abgeschiedenen Flecken stört.

Martin Schenk von Nideggen erbaute die Schenkenschanz als so genannten „Schlüssel zu den Niederlanden". Er brachte es im 16. Jahrhundert zu militärischer Bekanntheit und die als uneinnehmbar geltende Halbinsel im Rhein war Ausgangspunkt etlicher seiner Kriegs- und Raubzüge, bis Schenk 1589 in seiner schweren Ritterrüstung bei einem Scharmützel ertrank.

Die Halbinsel Schenkenschanz bietet heute rund um den Ort herum schöne Spazierwege, vorbei an Naturidyllen, hinunter zum Rhein. Proviant sollte man unbedingt mitnehmen, denn Restaurants oder gar Supermärkte gibt es hier nicht. Um so schöner ist nach der Rückkehr von der Schenkenschanz ein Besuch im nahe gelegenen, beinahe paradiesi-

Foto: Stadtwerke Wesel

Das alte Wasserwerk in Wesel ist über 100 Jahre alt.

schem Bauernhofcafé der Familie Euwens in Kekken bei Kleve.
Die Hausherrin backt nicht nur hervorragende Kuchen und Torten. Sie ist auch begeisterte Gartenliebhaberin.
Rund um das Bauernhofcafé gibt es am Rande von Fahrrad- und Spazierwegen noch mehr Naturidylle zu entdecken. Gemächlich geht es zu, wenn die Frachtschiffe an der Schleuse vom Rhein in den Spoykanal nach Kleve gehoben werden. Und auch auf niederrheinischem Boden tut sich etwas. Es gibt Entdeckungen, die vor ein paar Jahren noch gar nicht vorstellbar gewesen wären. Das ehemalige US-amerikanische Munitionsdepot in Kevelaer-Twisteden ist so ein Fall. Der entscheidende Faktor für den Erfolg kam 1994, als dem vor allem im Ruhrgebiet sehr beliebten Trabrennsport eine neue Basis gegeben werden konnte. Die ehemaligen Bunker eignen sich mit einer konstanten Temperatur von 16 Grad hervorragend zur Haltung der sensiblen Traber. Inzwischen stehen knapp 500 überaus erfolgreiche Pferde in den ehemaligen Munitionsdepots.
Rund um die Bunker sind einmalige Trainingsmöglichkeiten entstanden, die den Trainern und Jockeys die ganze Woche über zur Verfügung stehen. Und so erlebt der Besucher bei Spaziergängen und Fahrradtouren edle Pferde auf den sieben Kilometer langen Trainingsbahnen. Wer irgendwann genug Pferde gesehen hat, kann in den Bunkern auch anderes entdecken, zum Beispiel eine kommerzielle Champignonzucht.
Per Kutschfahrt können sich Besucher vom ehemaligen Munitionslager zum nebenan gelegenen Niederrhein-Park „Plantaria“ fahren lassen - ein Eldorado für Blumen- und Pflanzenfreunde und besonders für Liebhaber der zahlreichen Papageien- und Hühnervögel. 900 Tiere aus allen Kontinenten entzücken den Besucher hier in Kleve-Twisteden.
Und wieder ab nach oben: Der Freiluftballon befindet sich inzwischen weiter auf West-Ost-Kurs über dem Niederrhein. Östlich von Kevelaer erreicht man nach gut 40 Kilometern Wesel. Wer mehr Spaß an Freizeitvergnügen mit Bodenhaftung hat, der kann mit einer historischen Eisenbahn Besichtungstouren unter-

Foto: NiederRheinpark-Plantaria

NiederRheinpark-Plantaria.

nehmen. Lokführer, Schaffner und Kontrolleur stecken jede Menge Geld und Zeit in ihr Hobby. Ihr Verein „Historischer Schienenverkehr Wesel" bietet zahlenden Gästen Nah- und Fernfahrten mit unterschiedlichen Oldtimer-Zügen an. Der historische Zug hält am „Alten Wasserwerk" von Wesel. In liebevoller Kleinarbeit haben ehemalige Mitarbeiter die über einhundert Jahre alten Anlagen in Schuss gebracht. Prunkstücke des historischen Wasserwerks sind der alte Dampfkessel und die durch ihn betriebene Pumpe. Wenn Hilde Winter, die im Werk ihre Wohnung hat, Besucher besonders ins Herz geschlossen hat, wirft sie die Anlage auch schon einmal an.

Foto: Historischer Schienenverkehr Wesel

Weseler Hafenbahn mit Lok HSW 5.

Wenn der luftige Streifzug in der Niederrheinregion sich dem Ende nähert, ist Wesel nicht mehr weit entfernt. Ganz in der Nähe liegt die alte Festungsstadt Wachtendonk, in deren historischem Ortskern hat einer der letzten sechs Korbflechter Nordrhein-Westfalens seine Werkstatt. Hans-Gerd Busch lässt sich bei der Arbeit gern über die Schulter sehen. Seit mehr als 45 Jahren arbeitet er in seinem Beruf und hat manche Krise erlebt und überstanden, vor allem, als Plastik das Naturprodukt „Weide" mehr und mehr verdrängte. Die Weiden kommen allerdings längst nicht mehr aus der Gegend, sie werden aus Spanien importiert. Für einen Korb mittlerer Größe braucht Hans-Gerd Busch zweieinhalb Stunden. Knapp 70 Mark bringt ihm das Produkt seiner Handwerksfertigkeiten. Kein gerade üppiger Stundenlohn. So ist echte Handarbeit für den Besucher manchmal lohnender als für den Handwerker!

Foto: „Den Heyeberg"

Das Traber- und Freizeitgelände „Den Heyeberg" war mal US-Munitionsdepot, heute werden in den Bunkern Pferde gehalten!

Alles auf einen Blick:

Touristik-Agentur Niederrhein GmbH
Mühlenstege 11
47546 Kalkar
Tel: 0 28 24 / 92 35 13
www.niederrhein-touristik.de
Dort ist auch der sehr informative Katalog: „NiederRhein" erhältlich.

Bauernhofcafé „Euwens"
Kekken bei Kleve
Tel: 0 28 21 / 3 06 38
500 Meter am Rheindeich oberhalb der Fähre zur Schenkenschanz.
Öffnungszeiten: Täglich außer Donnerstag von 14.00 bis 18.00 Uhr

Die Ballonfahrten werden von April bis Oktober u. a. von:
Balloon Operating GmbH
Kevelaer
Tel: 0 28 01 / 9 02 98
veranstaltet. Preis: 350 DM pro Person inkl. Versicherung.

Das Traber- und Freizeitgelände „Den Heyeberg" liegt in:
Im Auwelt 45
47624 Kevelaer-Twisteden
Tel: 0 28 32 / 95 29

NiederRheinPark PLANTARIA
Am Scheidweg 1–5
47624 Kevelaer-Twisteden
Tel: 0 28 32 / 9 32 70
www.plantaria.de
Eintritt:
Erwachsene 12 DM, Kinder je nach Alter zwischen 3 bis 6 DM, Familien 27 DM.

Das alte Wasserwerk in Wesel ist nach telefonischer Vereinbarung zu besichtigen. Anfragen bei:
Stadtwerke Wesel GmbH
Tel: 02 81 / 9 66 00

Fahrten mit historischen Zügen in Wesel und Umgebung:
Historischer Schienenverkehr Wesel e.V.
Tel: 02 81 / 8 97 03
e-mail: HSW@t-online.de

Besichtigungen in der Korbwerkstatt im alten Ortskern von Wachtendonk bitte nach telefonischer Vereinbarung:
Hans-Gerd Busch
Tel: 0 28 36 / 79 12

Berge, Bier und Boote

Der Reiz der Gegensätze

Zwischen Moers, Hünxe, Kevelaer und Issum gibt es mehr zu entdecken als typische Niederrheinlandschaften: Alpin-gesonnene Menschen besteigen den Pattberg. Dem leiblichen Wohl zugetane Genießer radeln durch das Spargelgebiet um Issum herum und löschen ihren Durst mit leckerem Bier bei einem Brauereibesuch. Eher sportlich-motivierte Zeitgenossen begeben sich mit Canadier-Booten auf den Rhein und paddeln ihre Touren von Duisburg-Baerl.

Prägendes Element der Landschaft ist das Wasser. Der Rhein und seine Zuflüsse wie die Lippe waren und sind Lebensadern des Industrie- und Naturraums Niederrhein. Noch vor 300 Jahren zog die Manneskraft der Treidler Bootsfracht, wo heute Wassersportler ihr Eldorado finden.

Anziehungspunkt für Wanderer und Radfahrer ist Krudenburg bei Hünxe, direkt an der Lippe gelegen. Hier lebten vor 300 Jahren die Treidlerschiffer. Heute scheint in dem romantischen Dörfchen die Zeit ein wenig still zu stehen. Umgeben von Naturschutzgebieten träumt Krudenburg vor sich hin.

Foto: Stadt Moers

Wassermühle im Freizeitpark Moers.

Aufgeweckt präsentiert sich dagegen der „Pauenhof“ bei Sonsbeck. Deutschlands größtes Traktoren- und Landtechnikmuseum zeigt unter anderem die Produkte von einst fünf im Ruhrgebiet angesiedelten Traktorenfabriken. Überlebt haben nur die alten unverwüstlichen Maschinen, die heute von Norbert Stapper, der das Museum in Familienbesitz leitet, gezeigt werden. Er ist begeisterter Sammler und immer auf der Suche nach seltenen Funden. Ganz wichtig: Im Traktormuseum darf nicht nur gestaunt werden. Für 20 Mark kann auch der Nachwuchs seine Talente auf dem Geschicklichkeitspacour eine halbe Stunde lang unter Beweis stellen.

Vorbei an alten Windmühlen geht die Fahrrad- oder Autofahrt jetzt nach Duisburg-Baerl und dann ins Canadier-Boot. Wolfgang Angerhausen bietet Kunden ab 12 Jahren ein- und mehrtägige Rheintouren und natürlich sorgfältige Sicherheitseinweisungen an. Jeweils zehn eifrige Wasserfreaks haben Platz in dem Boot. Die Touren auf dem gro-

Foto: Stapper / Pauenhof.

Deutschland größtes Traktoren- und Landtechnikmuseum bei Sonsbeck. Wer will, kann auch 'ne Runde drehen.

ßen Strom gehen bis Xanten. Neben dem Spaß ist der Muskelkater am Ende der Tour jedenfalls garantiert.
Einen Steinwurf entfernt liegt auf der nun erreichten linksrheinischen Seite das Kleinod Orsoy. Schon von weitem ist das Gipfelkreuz des Pattbergs erkennbar, wenn man sich dem Raum Moers nähert. Durch die ehemalige Zechenstadt verläuft die Route der Industriekultur und in den sanierten alten Bergbausiedlungen lohnt sich ein Spaziergang.
Ein paar Kilometer weiter östlich liegt Moers-Repelen. Ein Ort mit verblüffenden Überraschungen.
Überraschung Nummer 1: Hier steht die siebtälteste Kirche Deutschlands.
Überraschung Nummer 2: Repelen erlebte vor gut einhundert Jahren einen enormen Aufschwung. Nicht wegen der nahen Kohlevorkommen, sondern als Kurort. Gäste aus aller Welt strömten herbei, um sich nach Methoden von Pastor Emanuel Felke heilen zu lassen. In den geschmackvollen Restauranträumen im Landhausstil erinnern die heutigen Besitzer der „Linde" an Felke und seinen so genannten Jungbornbetrieb. Er setzte auf Wasser-, Lichtluft- und Lehmbäder. Der erste Weltkrieg leite-

Foto: Andrea Dieren.

Die Dorfkirche in Repelen ist die siebtälteste Kirche Deutschlands.

te später das Ende des Weltkurortes Repelen ein. Und so bleibt also die Erinnerung, die man bei einem guten Essen in der „Linde“ pflegen kann. Damit kommt Chefkoch Peter Waldmann ins Spiel, der hier seit Jahren gar Köstliches zu zaubern versteht. In Waldmanns Küche werden möglichst viele niederrheinische Produkte verarbeitet. Fleisch, Gemüse oder Käse kommen von ausgesuchten Bauernhöfen und nach einem gutem Essen lockt der nahe Moers-Bach zum Spaziergang. Dabei kann man dann auch gleich nachsehen, wo das eben verspeiste seinen Ursprung hatte.

Wer dann wieder Appetit hat, kann in einem der Bauernhofcafés in der Region einkehren. Zum Beispiel im Heesenhof bei Moers. Wo früher Rübenkraut und -sirup hergestellt wurden, backt die heutige Besitzerin leckere Kuchen und im Bauernhofladen kann sich der Reisende mit Wein und anderen nützlichen Dingen eindecken.

Niederrheinlandschaft ist auch Spargellandschaft und wer das leckere Gemüse nicht nur gern verzehrt, sondern auch etwas über Anbau und Verarbeitung erfahren möchte, kann im Frühjahr und Frühsommer bei manchen Bauern an Führungen teilnehmen. Etwa auf dem Spargelhof Bissels in Issum. Der Bisselshof selbst ist auch ohne Spargelführung einen Besuch wert. Er ist einer der ältesten in der Region, wurde 1369 gegründet und ist seither in Familienbesitz. In einem der Gebäude des Anwesens wird der Spargel gewaschen, sortiert und gelagert. Da gibt es also jede Menge zu sehen für den Gast.

Issum ist aber nicht nur Spargelstadt. Bekannt ist der Ort auch als Sitz von „Diebels“, einer der größten deutschen Privatbrauereien.

Foto: Angerhausen / Ag. Lebensart

Wolfgang Angerhausen bietet mit seinen Canadier-Booten Lebensart auf dem Wasser an!

Foto: Barten / Heesenhof.

Bauernhauscafé Krauthaus-Heesendorf: Hier backt die Besitzerin noch selbst.

Alles auf einen Blick:

Allgemeine Informationen:
Touristik-Agentur Niederrhein GmbH
Mühlenstr. 11
47546 Kalkar
Tel: 0 28 24 / 92 35 13
www.niederrhein-touristik.de

Bauernhofcafé Krauthaus-Heesenhof
Heesenweg 44
47495 Rheinberg-Budberg
Tel: 0 28 43 / 31 00 oder 16 09 69

Spargelhof Bissels
Bis 24. Juni läuft die Spargelerntezeit. Führungen und Erklärungen zum Anbau sowie Direktverkauf bietet der Spargelhof Bissels, Vorst 4
47661 Issum-Sevelen
Tel: 0 28 35 / 56 72

Traktoren- und Landtechnikmuseum Pauenhof
Balbergerstr. 72
47665 Sonsbeck
Tel: 0 28 38 / 22 71
Öffnungszeiten:
Di–So von 10.00 bis 18.00 Uhr,
Einrittspreise: 5,00 DM für Erwachsene, 3,00 DM für Kinder,
Familie 12,00 DM.
Die Oldtimer-Traktor- und Geschicklichkeitsfahrten kosten 20,00 DM für 30 Minuten.

Wellings Hotel zur Linde
Maria & Elmar Welling
An der Linde 2
47445 Moers - Repelen
Tel: 0 28 41 / 97 60
www.hotel-zur-linde.de
Öffnungszeiten:
Täglich von 10.00 bis 0.30 Uhr
(Tischreservierungen erbeten).

Ein- und mehrtägige **Canadiertouren** auf dem Rhein und viele andere Erlebnistouren bietet an:
Agentur Lebensart – Aktiv in der Natur
Grafschafter Str. 74
47199 Duisburg
Tel: 0 28 41 / 84 29
www.Lebensart-Reisen.de

Paddelboot-Touren auf der Lippe bietet u.a. an:
Padlstation
46569 Hünxe
Tel: 0 28 58 / 62 85

Reisen und Speisen

Der kleine Urlaub zwischendurch

Ein kulinarischer Streifzug am Niederrhein: Reisen und Speisen als Erlebnis für den kleinen „Urlaub zwischendurch". Speisen auf römische Art in Xanten, Tisch decken in fürstlichem Stil im Wasserschloss von Isselburg und Brot und Bier nach Handwerkersart in Kalkar. Der Besuch in Issum endet natürlich in einer Altbierbrauerei.

Als die römischen Legionen vor 2.000 Jahren den Rhein hinauf zogen, brachten sie nicht nur Krieg und Unterdrückung über das Land. Die Eroberer brachten auch ihre Stadt-Architektur, ihre Kultur und römische Zivilisation mit an den Niederrhein. Dort wo heute Xanten steht, lebten kurz nach der Zeitwende 15.000 Menschen in der Colonia Ulpia Traiana. Längst vergangene Zeiten, die sich auch heute nacherleben lassen. Wenn es Abend wird, lädt die Colonia zu einer kulinarischen Zeitreise ein. In der römischen Herberge verwandeln sich die Gäste nicht nur mit den passenden Gewändern in Römer – sie bekommen von der Wirtin auch die passenden Verhaltensregeln beigebracht. Als in Niedergermanien der Küchenzettel deftig und die Tischsitten rau waren, gaben sich die Römer in den Mauern der Colonia Ulpia Traiana ausgedehnten und kultivierten Tafelfreuden der altrömischen Kochkunst hin. Römische Köche galten als Künstler, die engagiert wurden wie Schauspieler, Maler und Bildhauer. Die Küchen waren einfach, die Menüs dagegen vielfältig und abwechslungsreich. In der römischen Herberge werden sie heute von Joachim Windjens – allerdings in einer modernen Küche – zubereitet. Er kocht nach den überlieferten Rezepten der berühmte Köche Apicius und Terentius – Zeitgenossen der Kaiser Augustus und Tiberius: Linsen mit Muscheln, gekochten Schinken in Feigensauce, Kalbfleisch mit Lauch und Quitten – bis zu acht Gänge hat ein Menü in der römischen Herberge. Um das zu schaffen, wird zwischen den Gängen amüsante Unterhaltung geboten.

Foto: Touristik Xanten.

„Römer" in Xanten.

Im Anschluss an das ausgiebige Mahl entspannten sich die Römer in der Therme oder begaben sich zur Ruhe in ihren Häusern. Nach dem Untergang der Colonia entstand aus ihren Trümmern die Stadt Xanten, die ihre Blütezeit im 12. Jahrhundert hatte. In dieser Zeit wurde nördlich von Xanten die Burg Anhold errichtet. Ein gewisser Herr von Sulen

Foto: Brauerei Diebels

In der Diebels-Brauerei entsteht das leckere Altbier mit seiner typisch dunklen Farbe.

erbaute sie zum Schutz des Bischofs Balduin als wehrhafte Burg mit bis zu 2,20 Meter dicken Mauern. Zahlreiche Kriege überstand sie ohne größere Schäden. Erst 1945 zerstörten englische Bomben weite Teile der Anlage. In den 60-er Jahren wurde die Burg wieder aufgebaut und die ausgelagerten Kunstschätze kehrten zurück.

Einen besonderen Schatz hütet die fürstliche Bibliothek – mehr als 9.000 Bände aus fünf Jahrhunderten. In der Gemälde-Galerie wird ein Teil der Privatsammlung des heutigen Burgherrn – des Fürsten Salm zu Salm – ausgestellt, darunter sogar ein Rembrand. Wenn die Herren der Burg Anhold nicht gerade Krieg führten, gaben sie – so die Überlieferung – gern fürstliche Tafelrunden. In der Küche der Burg wurde für bis zu 100 Personen gekocht. In den alten Gemäuern befindet sich auch das Parkhotel. Noch heute kann man in der Burg Anhold edel speisen. Hier kocht der Chef. Jörg Brune veredelt in seiner Küche niederrheinische Gerichte. Das Hotel in der Burg Anhold beherbergt immer wieder Filmstars und Staatsgäste aus ganz Europa. Wer es sich leisten kann, wohnt in der Fürsten-Suite. Deshalb so genannt, weil der Vater des heutigen Fürsten hier seine Wohnung hatte. In früherer Zeit befand sich rund um die Burg ein großer Nutzgarten und im 18. Jahrhundert entstand hier eine repräsentative Parkanlage. Als der Wassergarten angelegt wurde, errichtete im nahegelegenen Kalkar ein Lederfabrikant die größte Mühle Deutschlands – aus den Steinen eines baufälligen Stadttores im Osten von Kalkar. Heute wird hier nach einem Umbau wieder Getreide gemahlen. Das Mehl aus der fünfstöckigen Mühle wird in der angrenzenden Backstube zu Brot verbacken. Wie in alten Zeiten wird hier der Steinofen gefeuert – vier bis fünf Stunden bleibt die nötige Temperatur erhalten. Das reicht zum Backen von bis zu 100 Broten. In der Mühlenscheune wird das Brot dann zusammen mit frischem Bier serviert. Der helle Gerstensaft wird

Foto: Mühlenverein Kalkarer Mühle / B. Mörsen

Die Kalkarer Mühle ist die größte Mühle Deutschlands.

hier in kleinen Mengen von einem Hobbybrauer gebraut.
Mehr als eine Million Liter Bier werden dagegen in Issum jeden Tag produziert. 1878 gründete Josef Diebels seine Brauerei. Zunächst entstand hier helles Exportbier. Nach dem 2.Weltkrieg spezialisierte sich das Unternehmen dann auf das bekannte obergärige Altbier. Gemäß dem Deutschen Reinheitsgebot werden auch hier nur Hopfen, Malz, Gerste und Wasser verarbeitet. Anders als für die Herstellung heller Biersorten verwendet man in Issum allerdings länger gebrannten Malz. Das gibt dem Bier die typische dunkle Farbe des Alts. 480 Mitarbeiter brauen hier Bier mit unterschiedlichem Alkoholgehalt, aber auch alkoholfreies Alt. Mehr als 120.000 Flaschen werden täglich abgefüllt.
Wer weiß schon, wie lang die Lebensdauer von Bierflaschen ist? Durchschnittlich 20 Mal kehren sie nach Gebrauch in die Brauerei zurück und werden intensiv gereinigt. Oder dass es schneller geht, eine Flasche zu füllen, als sie leer zu trinken? Sieben Sekunden dauert es, bis das Altbier abgezapft ist. Ein Teil der Produktion bleibt im Haus und wird im hauseigenen Restaurant „Diebels Live“ ausgeschenkt. Wen die Brauereibesichtigung hungrig macht: Als Spezialität wird in Diebels Live Niederrheinischer Altbierschinken mit Kappes-Klößen serviert. Und dann kann die Sonne für den passionierten Biertrinker auch schon mal im hauseigenen Erlebnislokal untergehen.

Alles auf einen Blick:

Museum Burg Anhold
46419 Isselburg
Tel: 0 28 74 / 4 53 53 und 4 53 54

Parkhotel Burg Anhold
Tel: 0 28 74 / 45 90
www.burg-hotel-anhold.com

Römische Herberge
Archäologischer Park 2
46509 Xanten
Tel: 0 28 01 / 34 15

Mühle am Hanselaer Tor e. V.
Mühlenstege 8
47546 Kalkar
Tel: 0 28 24 / 62 87
Mühle: 0 28 24 / 47 09
Gaststätte: 0 28 24 / 9 32 30
Backhaus: 0 28 24 / 9 32 02
www.rhein-land.com

Öffnungszeiten:
Besichtigung der Windmühle:
Sommer: 1. April bis 31.Oktober
Di–Fr. von 15.00 bis 17.30 Uhr
Sa/So von 12.00 bis 17.30 Uhr
Winter: 1. November bis 30. März
Sa/So von 12.00 bis 17.30 Uhr
Führungen nach Vereinbarung
Mo Ruhetag
Mahlbetrieb: abhängig vom Wind
Backhaus: Di–Fr. 14.30 bis 18.00 Uhr
Sa 11.00 bis 16.00 Uhr,
So 13.00 bis 16.00 Uhr
Mo Ruhetag
Gaststätte:
täglich von 11.00 bis 23.00 Uhr

Brauerei Diebels
Brauerei Diebels Straße 1
47661 Issum
Tel: 0 28 35 / 3 03 96
Internet: www.diebelslive.de

Kohle, Korken, Karpfen

Heimatkunde der besonderen Art

Walsum ist die Stadt der Bergleute. Unter Tage arbeiten – was das heißt, weiß hier noch jedes Kind. Wer es lieber oberirdisch mag, mietet sich ein Trike und erfährt die Landschaft so. Wer nur Hunger hat, geht ins Walsumer Fischparadies und wer eher informationshungrig ist, der sucht am besten das „Naturparkzentrum Haus Püllen" auf – Heimatkunde hat schließlich viele Gesichter.

Eine Bergwerksstadt lässt sich auf ihre Weise erkunden. Walsum ist ein Stadtteil von Duisburg und der Name eines der modernsten Kohleförderbetriebe der „Deutschen Steinkohle AG". Beiderseits des Niederrheins erstreckt sich zwischen Voerde, Dinslaken, Moers und Rheinberg ein 99 Quadratkilometer großes unterirdisches Abbaugebiet. Hier wird noch richtig unter Tage gearbeitet und neugierige Besucher müssen leider draußen bleiben.

Rund um die Uhr fördern in Walsum fast 3.800 Kumpel Kohle. Das sind 12.000 Tonnen täglich. Der Abraum wird im Rhein verklappt, die Rohkohle schon in der Aufbereitungsanlage gewaschen und sortiert. Die geförderte Kohle muss angesichts der riesigen Mengen so schnell wie möglich raus aus dem Bergwerk. Vom zentralen Leitstand aus wird die Anlage gesteuert. Und dann wird es Ernst für die Kumpels: In Arbeitskluft – ausgestattet mit Gruben-

Foto: Klaus Sannemann / DSK

Teilschnittmaschine bei der Streckenauffahrung.

Foto: Pia Kambergs

Den Moorschnucken schmeckt es sichtlich im Bracher Wald.

lampen und Gasmesser, steht der Einfahrt in das Bergwerk nichts mehr im Wege und es geht abwärts auf fast eintausend Meter Tiefe, dann umsteigen – ein Fahrzeug transportiert die Crew zu einem der Flöze – Arbeitseinsatz. Im Bergwerk Walsum werden modernste Fördermaschinen eingesetzt. Ein riesiger Hobel baut die Kohleschichten ab, die per Fließband von der Anlage aus gleich weiterverfrachtet werden. Hydraulische Schilde stützen den freigelegten Hohlraum in einer Länge von über 300 Metern ab. Langsam werden die Schilde vorgezogen, wenn der Kohlehobel Meter um Meter das mächtige Flöz abträgt.

Dass Bergbaumitarbeiter auch etwas von edlen Getränken verstehen, stellt Wolfgang Albrecht aus Schermbeck unter Beweis. Der 57jährige ist ehemaliger Bergbauingenieur und Hobbywinzer. Das Bergwerk Walsum war sein unterirdischer Arbeitsplatz. Inzwischen gewinnt der rührige Bartträger oberirdisch jedes Jahr 13 Flaschen Bordeaux aus seinen Reben, vorausgesetzt, die Vogelwelt hat ihm vor der Lese nicht zu viele Trauben stibitzt. Neben dem Anbau seiner „Südgaragen-Spätlese“ beschäftigt sich der Hobbywinzer gerne mit Trikes. Die dreirädrigen Gefährte mit

Foto: Tichy / Dobbek

Von Haus Püllen startet die geführte Fahrradtour in den Naturpark Schwalm-Nette.

Foto: Pia Kambergs

Die Exmoor-Ponies leben im Naturschutzgebiet Brachter Wald. Als natürliche „Landschaftspflegehelfer" fühlen sie sich wohl.

Käfer-Motor vermietet seine Frau an Besitzer eines Autoführerscheins. Ab 350 Mark für ein Wochenende ist der Spaß zu haben, Einweisungsfahrt durch den Gatten inklusive. Der Erkundung der Niederrheinlandschaften steht für die „Easy Rider" dann nichts mehr im Wege.

Am Abend sollte man sich auf keinen Fall einen Besuch in einem Walsumer Kleinod entgehen lassen. Immer um 17.00 Uhr (außer montags) öffnen sich die Pforten zum Fischparadies. Und dann strömen auch schon die Gäste herbei. Wer zu den Glücklichen gehört, die einen Platz finden, taucht in eine unvergleichliche Atmosphäre ein. Kein Schickimicki-Betrieb zieht die Gäste an, sondern eine Mischung aus Hafengaststätte und Ruhrpottkneipe. Stammkunden kommen schon seit Jahrzehnten. Tischreservierung ist unbedingt erforderlich. Die Brüder Matthias und Berthold Langhoff führen den „Walsumer Hof" in der siebten Generation. Muscheln, Karpfen, Aal und Lachsforelle gehören zu den Spezialitäten des Hauses. Die Liste der angebotenen Fische ist schier endlos. Aus den schweren alten Pfannen kommen sie frisch auf den Tisch.

Zu jeder Jahreszeit einen Besuch wert ist der Naturpark Schwalm-Nette. In Wachtendonk bekommt man im „Naturparkzentrum Haus Püllen" einen anschaulichen Überblick über die Entwicklungsgeschichte des Niederrheins und des riesigen Naturschutzgebietes. Anhand von Modellen werden die Auswirkungen der Eiszeit auf die Landschaft verdeutlicht. Einen Eindruck von den Urvorfahren oder der Tierwelt in Urzeiten vermitteln fachkundige Führungen: So vorbereitet, sind Ausflüge in das Naturschutzgebiet Schwalm-Nette noch um einiges anregender.

Zum Beispiel ein Abstecher zum ehemaligen Munitionsdepot Brüggen-Bracht. Zu Fuß und per Fahrrad können sich Besucher durch die Heidelandschaft bewegen. An den Wochenenden veranstalten Biologen Führungen, zeigen Dachs- und andere Tierspuren und erklären Wildschweinwühlverhalten. Stolz sind die Biologen auf die Ansiedlung seltener Exmoor-Ponys. Sie sind die letzten Nachfahren eiszeitlicher Wildpferde. Nur 800 dieser Tiere leben weltweit noch, aber die Hoffnungen sind groß, dass hier eine neue Herde entsteht. Nach so viel Vierbeiner-Geschichten geht es zum Abschluss dieses Tages nun auf drei Reifen – per Trike – der untergehenden Sonne entgegen.

Foto: Tichy / Dobbek

Da staunen auch die Älteren – bei einer Führung durch das Naturparkzentrum Haus Püllen.

Alles auf einen Blick:

Touristik Agentur Niederrhein GmbH
Mühlenstege 11, 47546 Kalkar
Tel: 0 28 24 / 92 35 13
www.NiederRhein-Touristik.de
Dort ist auch der sehr informative Katalog: „NiederRhein" erhältlich.

Fischrestaurant Walsumer Hof
Rheinstr. 16
47179 Duisburg Alt-Walsum
Tel: 02 03 / 49 14 54
Öffnungszeiten:
Täglich ab 17.00 Uhr, Mo Ruhetag

Trike-Vermietung
Ute Albrecht
Eschenstraße 1
46514 Schermbeck
Tel: 0 28 53 / 20 48

Deutsche Steinkohle AG
Bergwerk Walsum
– kein Besucherbergwerk –
47179 Duisburg
Bergwerksdirektor Wolfgang Traud
Tel: 02 03 / 4 84 23 10

Der Naturpark Schwalm-Nette
bietet ein umfangreiches Besucherprogramm.
Informations- und Bildungszentrum Haus Püllen
Feldstraße 38
47669 Wachtendonk
Tel: 0 28 36 / 91 99 00

Informationen über Winterwanderungen im ehemaligen Depot
Brüggen-Bracht mit dem Biologen Peter Kolshorn gibt es bei:
Biologische Station Infozentrum Krickenbecker Seen
Krickenbecker Allee 36
41334 Nettetal-Hombergen
(direkt an den Krickenbecker Seen)
Tel: 0 21 53 / 91 29 09
www.bsks.de

Abschied vom Rhein

Ein Streifzug durch Emmerich

Der Grenzübergang Elten, der einst die Niederlande von Nordrhein-Westfalen trennte, ist längst verwaist. Das kleine Dörfchen Elten gehört inzwischen zu Emmerich, der alten Hansestadt am Rhein. Der letzte Bahnhof vor der Grenze, der letzte Hafen auf deutschem Gebiet – das Schifffahrts-Museum zeugt von der Vergangenheit, der neue Container-Terminal von der Zukunft.

Der letzte Abschnitt des Rheins auf deutschem Boden ist das Revier der „Bussard". Das Boot gehört zum Schifffahrtsamt und sorgt für freie Fahrt auf dem Strom. Bis zu 500 Schiffe passieren bei der „Hanse- und Europastadt" Emmerich täglich die deutsch-niederländische Grenze. Dem Fluss verdankt die ehemalige Hansestadt ihren Wohlstand – obwohl die meisten Schiffe nach Öffnung der Grenze hier nicht mehr festmachen.
Die „Bussard" kontrolliert die Fahrrinne, ausgerüstet mit einem Satelliten-Navigations-System, das die exakte Position des Bootes bestimmt. Ein Echolot unter dem Rumpf zeigt die genaue Wassertiefe an. So können die Binnenschiffer sicher sein, immer genügend Wasser unter dem Kiel zu haben. Rund 200.000 Schiffe passieren Elten pro Jahr.
Eine Kontrollfahrt führt unter der Rheinbrücke zwischen Emmerich und Kleve hindurch. Sie ist die längste Hängebrücke Deutschlands. Wenn im Sommer die Ausflugsschiffe stromaufwärts oder nach Holland fahren, gehört sie zu den beliebtesten Foto-Motiven, immerhin hat sie eine Gesamtlänge von 1.228 m, die Pylonen sind 77 m hoch und dazwischen spannt sich diese „Golden Gate Bridge" über dem Rhein mächtige 500 Meter weit aus.
Bei einem Bummel durch den Emmericher Hafen kann man jeden Tag beobachten, wie die Binnenschiffe be- und entladen werden. Der Container-Terminal ist das Herzstück des

Foto: infoCenter Emmerich

Promenade in Emmerich am Rhein mit dem Fahrgastschiff „Rheinkönigin".

Foto: infoCenter Emmerich

Die Rheinbrücke ist die längste Hängebrücke Deutschlands, mit 1.228 m.

Emmericher Hafens. 40.000 Stück werden hier pro Jahr umgeschlagen. Hinter dem Hafen ist ein großes Industriegebiet entstanden. Viele Firmen haben sich wegen des Rheins hier angesiedelt und schicken ihre Waren per Schiff in die ganze Welt.

Die Martinikirche am Ende der Rheinpromenade stammt zum einen Teil aus dem 11. und zum anderen Teil aus dem 15. Jahrhundert. Eine architektonische Besonderheit, an deren Entstehen auch der Rhein seinen Anteil hatte, als er einen Teil der Kirche wegriss.

Im benachbarten Rheinmuseum steht das Steuerhaus eines ausrangierten Binnenschiffes. Hier können sich vor allem Kinder ein eigenes Bild von der Rheinschifffahrt machen. Rund 100 Modelle aus allen Epochen – vom Einbaum bis zum Schubverband – zeugen von der harten Arbeit auf dem Strom. Und viele liebevoll gestaltete Details von der Faszination, die die Schifffahrt vor allem bei Landratten auslöst. Aber die geschäftstüchtigen Emmericher nutzten den Strom nicht nur als Transportweg, sondern auch als Energiequelle für eine schwimmende Mühle. Zu bestaunen ist auch ein Ein-Mann-U-Boot. Solche winzigen U-Boote wurden gegen Ende des Zweiten Weltkriegs eingesetzt, um Brücken zu zerstören und so den Vormarsch der Engländer aufzuhalten. Es war ein wahres Himmelfahrtskommando, nur jedes fünfte Boot kehrte von sei-

Foto: infoCenter Emmerich

Im Rheinmuseum Emmerich am Rhein dreht sich alles um die Schifffahrt.

Foto: Probat Werke Emmerich

Trommelröster im Museum für Kaffee-Technik in Emmerich.

nem Einsatz zurück. Für die meisten Soldaten wurde die Konstruktion zur tödlichen Falle.

Das Emmericher „Museum für Kaffee-Technik" zeugt davon, dass die Hafenstadt früher auch Umschlagplatz für Kaffee-Bohnen war. Ein Umstand, den vor mehr als 130 Jahren ein findiger Maschinenbauer nutzte, um eine eigene Fabrik zu gründen. Die Grundlage seines Erfolgs war der „Emmericher Kugelbrenner".

Der wurde im 19. Jahrhundert zum Verkaufsschlager, weil sich die Bohnen in der rotierenden Kugel gleichmäßiger rösten lassen, als in einer offenen Pfanne. Eine Sammlung von Kaffee-Mühlen aus allen Epochen rundet die Ausstellung ab.

Der Eltenberg wurde mit seinen 82 Metern früher auch der „höchste Berg der Niederlande" genannt. Und so ist es nicht verwunderlich, dass die Nachbarn auch Gefallen an dem Drusus-Brunnen gefunden haben. Der 57 Meter tiefe Brunnen soll der Legende nach aus römischer Zeit stammen, vermutlich aber entstand die Anlage erst im 11. Jahrhundert – bis 1931 wurde sie noch zur Wasserversorgung genutzt.

Der Eltenberg ist aber mit seinem großen Campingplatz auch Wahlheimat vieler Menschen aus dem Umland- und im Sommer vor allem bei Radwanderern – sehr beliebt. Die meisten Gäste kommen aus dem Ruhrgebiet, manche verbringen hier als Dauercamper jede freie Minute. Und haben hier ein besonderes Stück „Deutscher Gartenzwerg-Kultur" geschaffen.

Auch die Lotsenstube kann mit etwas Besonderem aufwarten: Auf dem Tisch steht „Winterliches Gemüse mit Kabeljau". Es sieht lecker aus, aber dieses ansprechende Gericht ist in Wirklichkeit völlig ungenießbar – das Gemüse ist noch fast roh und zu den Zutaten gehören solche „Lekkereien" wie Glycerin, Stabilisatoren und Farbstoffe. „Meine Gerichte müssen nicht schmecken – sie sollen nur super aussehen", verteidigt Francois Büns amüsiert seine Kreation – er ist nebenbei „Foodstylist" und muss von Berufs wegen Speisen für Kochbücher in Szene setzen.

Doch wenn die Sonne über dem Rhein untergegangen ist, kehrt der gelernte Koch zu seiner eigentlichen Aufgabe zurück – Speisen zuzubereiten, die schmecken. Sein Restaurant liegt an der Uferpromenade und deshalb gibt es natürlich in erster Linie Fisch. Die Lotsenstube hat nur Freitag, Samstag und Sonntag geöffnet und weil Fisch immer frisch sein muß, wird die Karte am Sonntag folglich immer kleiner. Rechtzeitig reservieren heißt also hier die Devise. Da der Maitre lange in Frankreich und Italien gekocht hat, stehen viele

Fische aus dem Mittelmeer auf seiner Speisekarte und seit das Wasser des Rheins wieder besser wird gibt es zunehmend auch wieder heimische Fischarten.
Bis der Rhein wieder ausreichend Fisch hergibt, können sich die hungrigen Gäste der Lotsenstube mit Austern trösten. Wer es bodenständiger mag, der spaziert an der Promenade entlang – die vielen Restaurants bieten alles an, was an schönen Sommertagen Wanderer und Radfahrer aus den Niederlanden und Nordrhein-Westfalen so brauchen, um gestärkt ihre Weiterreise durch die malerische Landschaft des Niederrheins fortsetzen zu können. Mit einem Brötchen in der Hand lässt sich dann der Blick über den Rhein genießen, der hier 400 Meter breit ist.

Foto: Probat Werke Emmerich

Röstpfanne um 1900.

Alles auf einen Blick:

Infocenter Emmerich
Rheinpromenade 26
46446 Emmerich am Rhein
Tel: 0 28 22 / 9 41 40
www.emmerich.de

Container-Terminal
Rhein Waal Terminal Gmbh
Werftstr.6
46446 Emmerich
Tel: 0 28 22 / 92 45 14

Rheinmuseum
Martinikirchgang 2
46446 Emmerich
Tel: 0 28 22 / 7 54 02
Öffnungszeiten.
So–Mi 10.00–12.30 Uhr
und 14.00–16.30 Uhr,
Do 10.00–12.30 Uhr
und 14.00–18.00 Uhr,
Fr 10.00–12.30 Uhr, Sa geschlossen

Kaffee-Museum Probat-Werke
Reeser Str. 94
46446 Emmmerich
Tel: 0 28 22 / 9 12-0
Öffnungszeiten:
Mo–Fr 8.00–16.00 Uhr
und nach vorheriger Vereinbarung.

Fischrestaurant Lotsenstube
Francois Büns
Rheinpromenade 10
46446 Emmerich
Tel: 0 28 22 / 42 87

58
Rhein
Gelsenkirchen
Moers
Oberhs.
Bochum
Duis-
burg
Mül-
heim
Essen
Hattingen
Natur-
park
Krefeld
57
61
Niers
44
3
Wuppertal
Düsseldorf
Mönchen-
Gladbach
Neuss
Solingen
Schwalm-
Nette
N.-Holzheim
8
1
Zons
Erft
Dormagen
Leverkusen
Greven-
broich
Monheim
Bergisch
Gladbach
Rur
44
Köln
61
Agger
Roden-
kirchen
Zünsdorf
Kerpen
Troisdorf
4
Brühl
Inde
Düren
61
Bonn
Naturpark
Kottenforst-
Ville
Erft
Remagen
Naturpark Nordeifel
1
Ahr
Rur
Bad
Neuenahr-
Ahrweiler
48
Hillesheim
Prüm
Daun

Rheintal

Das Rheintal gehört seit jeher zu den schönsten Tälern Europas. Wir reisen in die quirlige Karnevalsstadt Köln – vorbei an Auenlandschaften und unberührten Altrheinarmen nach Düsseldorf – bis ins romantische Rheintal. **Auf, entlang und unter dem Rhein** gibt es viel zu erleben. Manche reisen oder arbeiten nicht nur auf dem Fluss, sondern leben sogar auf ihm! Und gut ausgebaute Rad- und Wanderwege auf beiden Seiten des Rheines bringen Bewegungswillige **Von Köln nach Benrath** – Flussseite wechseln inklusive!

Von Platzjabbeck und Steinefrau erzählen die **Kölner Legenden.** Und davon, wie der Karneval, aber auch die Römer in die Domstadt kamen. Weiter ins Rheintal: **Vom Drachenfels zum Deutschen Eck**. Der „Vulkan-Express“ dampft los auf eine nostalgische Zugreise ins Brohltal mit prächtigen Schlössern und Burgen.

Die gibt's aber auch **Hinter den sieben Bergen** – wie z.B. die Löwenburg und Burg Blankenberg. Und der Ölberg bietet dazu auch noch einen herrlichen Fernblick.

Informationen:

Region / Rhein Sieg / Ahrweiler Tourismus & Congress GmbH

Adenauerallee 131
53113 Bonn

Tel: 02 28 / 91 04 10

www.rheintal.de

Auf, entlang und unter dem Rhein

Alte Liebe, Lachse und ein Krokodil

Wussten Sie schon, dass Lachse den weiten Weg von der Nordsee durch den Rhein zurücklegen, um dann in der Sieg ihren Nachwuchs zu bekommen? Oder dass es Menschen gibt, die nicht nur auf dem Rhein arbeiten, sondern auch auf ihm leben?

Eine der ungewöhnlichsten Fähren auf dem gesamten Rhein liegt 15 Kilometer südlich von Köln entfernt und ist bei Spaziergängern und Radfahrern sehr beliebt. Seit 13 Jahren pendelt Heiko Dietrich mit seiner selbst umgebauten „Frika“ zwischen Zündorf und Weiß hin und her.
Zwischen Köln und Bonn ist Heiko Dietrich längst eine Institution. Mittlerweile kennt jeder die Fähre nur noch unter einem Namen: Krokodil-Fähre! Denn vor einer halben Ewigkeit hat alles mit einem kleinen Bötchen angefangen, dass auch heute noch als Fähre und für kleine Ausflugsfahrten im Einsatz ist: Das Krokodil.
Nicht weit von Heikos Fähre mündet die Sieg in den Rhein. Wer im Herbst an den Wehren der Sieg spazieren geht, kann mit etwas Glück Lachse springen sehen. Lachs 2000 hieß das Projekt, mit dem vor über 10 Jahren begonnen wurde, Junglachse in den Nebenflüssen des Rheins auszusetzen. Mittlerweile ist die Wasserqualität wieder so gut, dass die Wanderfische im Herbst ihre lange Reise antreten und zum Laichen von der Nordsee hierher zurückkommen.
Nach diesem Exkurs zur Sieg geht es mit dem kleinen „Krokodil“ wieder

Foto: Heiko Dietrich

Die Fähre „Frika“ pendelt auf rheinischen Flüssen hin und her.

flussabwärts Richtung Norden. Von weitem sind schon die ersten Kölner Rheinbrücken zu erkennen. Am Fuß der Rodenkirchener Brücke liegt eines der ältesten Hausboote. Die „Alte Liebe“. Seit über 60 Jahren schwimmt sie genau an dieser Stelle und bis heute hat die „Alte Liebe“ nichts von ihrem ganz besonderen Charme eingebüßt: Kaffee und Kuchen – inklusive Wellengang. Einige hundert Meter stromabwärts lassen die Kölner Drachenfreunde ihre wunderbaren Kunstwerke auf den Pollerwiesen in den Himmel steigen.
Nur einen Steinwurf entfernt, auf der linken Rheinseite, liegt das neue Sport- und Olympiamuseum. Eine umgebaute Lagerhalle bietet Einblicke in die Geschichte des Sports, von der griechischen Antike bis in die Neuzeit. Das Besondere: Neben gewöhnlichen Führungen finden hier fast täglich auch Kindergeburtstage statt. Dabei können sich die Kleinen einmal aus der Nähe anschauen, wie weit man tatsächlich springen müsste, um den Weltrekord im Weitsprung von fast neun Metern einzustellen. Der Weitsprungwettbewerb bei den alten Griechen sah dagegen ganz anders aus: Fünf Sprünge mit Gewichten in der Hand. „Echt cool“, was das Museum zu bieten hat. Statt Kindergeburtstage mit Topfschlagen und blinder Kuh gehts lieber in den Windkanal. Wie fühlt sich das an, wenn man tatsächlich 40 Stundenkilometer schnell fährt? Die Kinder jedenfalls finden es toll und dürfen sich – fast – wie weggeblasen fühlen. Zum Abschluss gibt es den original antik-griechischen Waffenlauf. Und das auf dem Dach des Sportmuseums – in unmittelbarer Nähe zum Rhein und zur Severinsbrücke.

Foto: Heiko Dietrich

Bekannt wie ein bunter Hund ist Heiko Dietrich mit seiner Krokodilsfähre.

Köln ist eine Brückenstadt. Die Meisten nutzen die Brücken allerdings nur, um von einem zum andern Ufer zu kommen. Doch wie sieht es eigentlich drinnen aus? Was machen die Ingenieure der Stadt eigentlich den ganzen Tag? Richtig: Brücken kontrollieren. Mehrmals im Jahr müssen die steinernen und stählernen Bauwerke gründlich geprüft werden. Vor allem die Seilkonstruktionen, an denen die Beton- und Stahlkolosse hängen, sind Wind, Wetter und Erschütterungen ausgesetzt. Da darf nichts rosten oder wackeln. Höchstens die Knie der Touristen, wenn sie – nachdem sie den Dom bestiegen haben – auch

Foto: Drachenfreunde Köln e. V.

Klar, die Drachen brauchen eine kräftige Brise um aufzusteigen.

Foto: Deutsches Sport- und Olympiamuseum, Köln.

Das Kölner Sport- und Olympiamuseum: Hier dreht sich alles um den Sport.

noch auf den 70 Meter hohen Pylon der Severinsbrücke hinauf steigen.
In Köln hat man längst erkannt, dass nicht nur eine Brückenbesteigung für die Öffentlichkeit spannend ist, sondern dass auch das Innenleben der Brücken auf großes Interesse stößt. Deshalb werden vor allem die Deutzer und die Zoobrücke immer wieder für Ausstellungen geöffnet. Aber Vorsicht! Helm auf und Kopf einziehen. Denn erst einmal muss man in den hinteren Teil der Zoobrücke klettern, um den Ausstellungsraum überhaupt zu erreichen. Über 100 000 Kölsch-Gläser hat der amerikanische Künstler Serge Spitzer hier in die vom Autoverkehr vibrierende Stahlkonstruktion gestellt.
Wer schon an der Zoobrücke ist, sollte auch die Kölner Rheinseilbahn nicht auslassen. „Köln schwebend erleben" kann man schon seit 1957. Damals besaß Köln Europas erste Seilschwebebahn über einen Fluss. Drüben im Rheinpark angekommen, sind es zu Fuß keine fünf Minuten bis zu der echten Kölner Kultkneipe. Seit dem Zweiten Weltkrieg hat sich in der Gaststätte „Lommerzheim" nichts, aber auch wirklich gar nichts verändert. Vor Jahren noch ein Geheimtipp, ist sie mittlerweile zur Pilgerstätte für durstige Menschen aus der ganzen Region geworden. Seit 1959 trägt „Lommi" Lommerzheim jetzt schon die Fässer durch die Kneipe und wurde so zur Kultfigur. Und noch eine Besonderheit. Fast alle essen das gleiche. Für sage und schreibe 11 Mark: Sieben Zentimeter dicke Koteletts. Wahrscheinlich die dicksten der Welt, leider gibt es sie bei Lommi erst ab 18.00 Uhr. Wer auf Lommi's Kotelett nicht verzichten will, muss sich allerdings spätestens zwei Stunden vorher vor der Kneipe in die Schlange einreihen.
Wer nicht solange warten will, den sollte es zurück zum Rhein – und zur anderen Seite ziehen. Aber nicht mit dem Schiff oder über die Brücke, sondern 25 Meter unter der Erde. In Köln gibt es die einzige Möglichkeit, den Rhein zu unterqueren. Bei einer Führung durch den Fernwärmetunnel erreicht man trockenen Fußes die kneipenreiche Altstadt, hier isst man dann den „Halven Hahn".

Foto: Köln Tourismus Office

Ein schwebendes Erlebnis über den Rhein mit der Kölner Seilschwebebahn.

Alles auf einen Blick:

Fähre Köln-Weiß – Zündorf
Heiko Dietrich
Tel: 0 22 36 / 6 83 34
und 01 79 / 5 24 07 59
www.rheintal.de/krokodil
Ab Köln-Weiß ausgeschildert.
Die normale Fährsaison dauert vom 1. April bis Ende Oktober; bei schönem Wetter fährt Heiko Dietrich aber auch im Winter.

Bootshaus „Alte Liebe"
Arno Frank
Am Leinpfad
Köln-Rodenkirchen
Tel: 02 21 / 39 23 61
Öffnungszeiten: ganzjährig,
im Winter: Mo Ruhetag.
Eines der ältesten Hausboote überhaupt.

Poller Wiesen
Drachenfreunde Köln e. V.
Dieter Lang,
Vondelstr. 64
50677 Köln
Tel: 0 22 03 / 3 92 88

Deutsches Sport- und Olympiamuseum
Rheinauhafen 1
50678 Köln
Tel: 02 21 / 33 60 90
Geschichte des Sports von der Antike bis in die Neuzeit. Hier können auch Kindergeburtstage gefeiert werden.

Deutzer Brücke und Zoobrücke
Amt für Brückenbau der Stadt Köln
Herr Thon
Tel: 02 21 / 22 12 57 91
Regelmäßig veranstaltet die Stadt im Inneren der Brücken Ausstellungen, Installationen und Konzerte. Informationen darüber gibt es per Telefon.

Foto: Köln Tourismus Office

Ein „Halver Hahn" gehört in den Kölner Kneipen einfach dazu.

Kölner Seilbahn
Kölner Seilbahn-GmbH
Riehler Str. 180
50735 Köln
Tel: 02 21 / 5 47 41 83 / 84

Gaststätte Lommerzheim („Lommi")
Siegestr. 18
Köln-Deutz
Tel: 02 21 / 81 43 92
Öffnungszeiten: Täglich außer Di ab 16.30 Uhr, Essen gibt es erst ab 18.00 Uhr. Wer einen Sitzplatz will, sollte bereits gegen 16.00 Uhr vor der Kneipe stehen.

Fernwärmetunnel unter dem Rhein
Gas-, Elektrizität- und Wasserwerke AG
Parkgürtel 24
50823 Köln
Abteilung Energieberatung
Tel: 02 21 / 1 78 33 11
461 m langer Tunnel unter dem Rhein. Die Gas-, Elektrizitäts- und Wasserwerke Köln bieten Führungen an.

Von Köln nach Benrath

Im Paradies der Wanderer und Radfahrer

Der Rhein zwischen Köln und Düsseldorf gehört auf den ersten Blick nicht gerade zu den romantischsten Abschnitten des Flusses. Doch wer die Industrieanlagen im Kölner Norden hinter sich lässt, der entdeckt auf den dann folgenden 30 Rheinkilometern wunderschöne Auenlandschaften und unberührte Altrheinarme.

Wer Kölns Norden mit seinen Industrieanlagen hinter sich gelassen hat, der kann gemütlich am Rhein entlang radeln. Es gibt ein hervorragend ausgebautes und beschildertes Radwegenetz links und rechts des Flusses. „Fahr raus zum Rhein – der Erlebnisweg Rheinschiene!“, wird aufmunternd geworben. Zahlreiche Hinweisschilder säumen den Wegesrand, zeigen Karten und geben Ausflugstipps. Und das Gute: Jeder kann seine Tour individuell gestalten. Denn zwei Rheinfähren zwischen Köln und Düsseldorf bieten jedem die Möglichkeit, die Rheinseite zu wechseln. Und wer dennoch die ganze Strecke nach Benrath radeln will, der macht direkt am Rhein Pause.

Nur einmal noch wird die Idylle durch die Industrieanlagen Dormagens gestört. Aber dann ist der Radler an einem der beliebtesten Ausflugsziele zwischen Köln und Düsseldorf: in Zons. Kaum ein anderes Städtchen am Niederrhein ist so gut erhalten geblieben wie das mittelalterliche, von einer wuchtigen Stadtmauer umgebene Zons. Kein Wunder, dass ihm der schmucke Beiname „das Rothenburg am Rhein“ verliehen wurde.

Innerhalb der 1,2 Kilometer langen Stadtmauer – komplett mit Schießscharten und Wachhäuschen – wohnen heute 800 Menschen, fast genauso viele wie im Mittelalter. Es hat sich wirklich nicht allzu viel verändert seit damals: Die Mauern sind trutzig,

Foto: Walter Klein

Schloss Benrath, Garten der Kurfürstin „Französischer Garten“ mit Triangel.

Foto: Heimat und Verkehrsverein der Stadt Zons e. V.

Die Festung von Zons (Südseite) mutet recht mittelalterlich an.

die Häuser eher klein, der Rhein strömt wie einst vorbei, auf dem uralten Treidelpfad lässt sich heute gemütlich schlendern. Wenn gerade mal kein Auto vorbeifährt und kein neumodisches Straßenschild den Blick versperrt, fühlt man sich wie im Mittelalter. Wer es mag, der kann in Zons sogar so essen! In der Schloss-Destille warten 300 Kostüme auf die Besucher, denn ohne zünftige Kleidung schmeckt ein Rittersmahl doch gar nicht. Auch Hofmusikant und Vorkoster sind schon da. Selbst ein Ritter wird noch rasch geschlagen – der Gastgeber einer Runde kann diese Ehre für sich in Anspruch nehmen. Dann kann es losgehen mit dem ritterlichen 7-Gänge-Gelage: Rustikale Wurstplatten, geräucherte Forellen, würzige Rindersuppen, und Schinkenbraten werden aufgetischt.

Foto: Heimat und Verkehrsverein der Stadt Zons e. V.

Die Südseite der ehemaligen Befestigungsanlagen in Zons mit Torturm und Südtor.

Nicht weit von Zons entfernt lieg an einem ruhig gelegenen Rheinnebenarm – der Erft – die Museumsinsel Hombroich. In 35 Hektar Auenlandschaft verstecken sich 12 Kunstpavillons, denn auf Hombroich wird „Kunst parallel zur Natur" betrieben und so ist die Insel ein Paradies für Natur- und Kunstliebhaber. Die Ausstellung zeigt die Sammlung von Karl-Heinrich Müller, dem Gründer der Museumsinsel. Müller sammelte Kunst aus den unterschiedlichsten Epochen – so stehen Khmer-Skulpturen aus dem 12. Jahrhundert neben zeitgenössischen Kunstwerken – und es ist keine Ende abzusehen, denn Hombroich wird und soll sich entwickeln.
Dennoch ist man hier auch dem einfachen Genuss gegenüber aufgeschlossen. In der Museumskantine wartet ein rustikales Buffet auf den Besucher: Eier, Kartoffeln und Schmalzbrote – alles im Eintrittspreis inbegriffen.
Zurück am Rhein, und damit zur letzten Möglichkeit, den Fluss vor Düsseldorf zu überqueren. Von Zons aus fährt die weiße Flotte hinüber nach Benrath, die Autofähre dagegen nach Urdenbach und in die Urdenbacher Kämpe, einem Altrheinarm. Die Kämpen zählen zu den wenigen Flächen am Rhein, die nicht eingedeicht sind, entsprechend vielfältig ist ihre Flora und Fauna. Mittendrin liegt das Landgut Haus Bürgel, eine ehemalige Ritterfestung und heute Sitz der Biologischen Station Urdenbacher Kämpe e.V., die von hier aus unter anderem die Landschaftsschutz-und Naturschutzgebiete in den benachbarten Rheinauen betreut. Aber Haus Bürgel wird auch weiterhin traditionell genutzt. Katrin und Herbert Reuter züchten hier Kaltblüter und führen damit eine hundertjährige Familientradition fort. Bis zu 800 Kilogramm bringen die strammen Kaltblüter auf die Waage. Doch entgegen ihrer körperlichen Statur gelten sie als extrem gutmütig und leicht zu führen, eben als das ideale Arbeitspferd früherer Jahrhunderte.

Foto: © Thomas Riechle / artur

Kunstpavillon „Rosa Villa" auf der Insel Hombroich.

Eine Kutschfahrt durch die Auenlandschaft der Urdenbacher Kämpe ist ein Erlebnis. Es ist eine Kutschfahrt direkt vor den Toren Düsseldorfs. Denn nur zwei Kilometer von Haus Bürgel entfernt liegt Benrath und hier baute sich Kurfürst Karl Theodor vor 300 Jahren sein „Maison de Plaisier" – sein Lustschloss. Direkt am Rhein gelegen, eingebettet in eine weitläufige Parkanlage gilt Schloss Benrath als Prachtbau des Rokoko. Das Hauptgebäude ist als fürstliches Wohnhaus eingerichtet, komplett mit kostbaren Möbeln und anderen Kunstgegenständen des 18. Jahrhunderts. Besonders sehenswert ist der runde, von einer Kuppel überragte Festsaal, dessen künstlerische Gestaltung ganz auf das „Plasier" des Kurfürsten abgestimmt ist: die Jagd.

Alles auf einen Blick:

Heimat und Verkehrsverein der Stadt Zons e. V.
41541 Dormagen
Schlossstr. 37
Bürgerhaus Zons
Tel: 0 21 33 / 25 72 62 oder 37 72
www.zons.de

Erlebnisweg Rheinschiene
Info- und Kartenmaterial für Radfahrer: „Erlebnisweg Rheinschiene – Radeln zwischen Bonn, Köln, Düsseldorf und Duisburg"
Wienand Verlag, Köln 1999
ISBN: 3-97909-638-4
Preis: 24,80 DM

Rheinfähre Köln-Langel / Hitdorf
Zwischen Köln und Düsseldorf gibt es zwei Rheinfähren, die ganz nach Bedarf pendeln.
Bayenstr. 2
50678 Köln
Tel: 01 78 / 8 32 34 73
Fährbetrieb:
April bis 30. September
Mo bis Fr 6.00–20.15 Uhr,
Sa/So 9.00–20.15 Uhr,
1. Oktober bis 31. März
Mo bis Fr 6.00–19.15 Uhr,
Sa/So 10.00–19.15 Uhr.

Rheinfähre Zons / Urdenbach
Rheinau 1
41541 Dormagen-Zons
Tel: 0 21 33 / 4 21 49
Fährbetrieb :
1. Mai bis 30. September
Mo bis Fr 6.15–21.00 Uhr,
Sa/So 9.00–21.00 Uhr,
1. Oktober bis 30. April
Mo bis Fr 6.15–20.00 Uhr,
Sa/So 9.15– 20.00 Uhr.

Stadtführungen in Zons
Heimat- und Verkehrsverein der Stadt Zons e. V.
Helmut Scholten
41541 Dormagen
Tel: 0 21 33 / 37 72
Zons kann man von Benrath auch direkt mit dem Schiff erreichen:
Weiße Flotte Düsseldorf GmbH
Postfach 11 03 44
40503 Düsseldorf
Tel: 02 11 / 32 61 24 und 30 86 72

Schloss-Destille
Mauerstr. 26 a
41541 Dormagen Zons
Tel: 0 21 33 / 4 76 58

Stiftung Insel Hombroich
41472 Neuss Holzheim
Tel: 02182 / 20 94
www.inselhombroich.de/
Öffnungszeiten:
täglich 10.00–18.00 Uhr. Vom 1. Dezember bis 31. Januar geschlossen.
Anfahrt: A 57 Neuss Reuschenberg oder A 46 Grevenbroich-Kapellen, danach den braunen Schildern mit Aufschrift „Museum Insel Hombroich" folgen.

Landgut Hans Bürgel
Katrin und Herbert Reuter
40789 Monheim
Tel: 02 11 / 7 18 79 65

Schloss Benrath
Benrather Schlossallee 104
40597 Düsseldorf
Tel: 02 11 / 8 99 72 71
www.duesseldorf.de/kultur/schlossbenrath.htm
Öffnungszeiten:
Di–So 10.00–17.00 Uhr

Kölner Legenden

Von Platzjabbeck und Steinefrau

Die Kölner sind stolz auf ihre Stadt und bei einer 2000jährigen Geschichte gibt es eine Fülle von Sagen und oftmals kuriosen Legenden.

Die Kölner lieben eben ihre Stadt. Schon vor über 2000 Jahren ließen sich die Römer hier nieder. Eine lange Zeit, in der sich unzählige Mythen und Legenden bilden konnten. Wie viele es genau sind, vermag niemand zu sagen, aber viele drehen sich natürlich um Kölns Wahrzeichen: den Dom.

Heute machen Reiseveranstalter aus den Geschichten um Aberglauben und Spekulation eine Tugend. Bei vielen Stadtführungen werden jene Sagen und Legenden erzählt, die die Kölner so lieben. Eine der wildesten ist die vom Dombaumeister Gerhard: Dem armen Mann stürzten beim Bau der Kathedrale immer wieder ganze Konstruktionen zusammen. Es war zum Verzweifeln und so ging Gerhard nur allzu bereitwillig auf das – wie man heute sagen würde – dubiose Angebot eines elegant gekleideten Herren ein. Die Tauschgeschichte ist klar: Seele gegen Arbeit. Innerhalb von vier Tagen würde der Teufel den Dom fertig bauen, dann würde er beim ersten Hahnenschrei die Seele von Dombaumeister Gerhard erhalten. Der Handel wurde besiegelt und der Teufel baute und baute. Wo gestern noch nur kahle Gerüste standen, da wuchsen gleich die Streben gen Himmel, die wuchtigen Decken wölbten sich, die Wände schossen in Windeseile in die Höhe. Jeden Tag baute der Teufel und nachts schlief er tief und traumlos. Doch am Morgen des vierten Tages, als der gute Gerhard seine Seele schon verloren glaubte, krähte der Hahn und siehe da: Der Bau war nicht fertig! In Schwefel und Pestilenzgestank fuhr der Teufel zurück in die Hölle. Nicht, ohne vorher herauszufinden, dass die Frau des Dombaumeisters den Hahn früher hatte krähen lassen.

Foto: KölnTourismus Office

Legenden in Köln: „Tünnes und Schäl".

Der Dom ist irgendwann dann doch fertig geworden und überragt heute die Kölner Altstadt, in der nicht nur listige Frauen, sondern auch pfiffige Männer wohnen. Humor hat der Kölner und der Zugereiste muss schon ganz nah ran, um am mittelalterlichen Rathausturm eine Fratze in luftiger Höhe zu erkennen. Zu jeder vollen Stunde streckt der hässliche Kerl mit Namen „Platzjabbeck" schadenfroh die Zunge heraus. Er ist

Foto: KölnTourismus Office

Der Kölner Dom.

Sinnbild für die Stadtherrschaft, die die Kölner Bürger den Erzbischöfen im Mittelalter abgerungen hatten. Aber wem streckt der Platzjabbeck eigentlich die Zunge heraus? Den selbstherrlichen Kirchenfürsten? Oder gar dem Volk? Die Reaktion der Kölner ließ nicht lange auf sich warten. Direkt gegenüber thront der Kallendrisser. „Kalle" ist kölsch und heißt Dachrinne und „Drisser"? Na ja, die Körperhaltung ist eindeutig. Der eine streckt die Zunge raus, der anderer zeigt seinen blanken Hintern.

Die Kölner haben noch aus jeder Zeit ihrer 2000jährigen Stadtgeschichte kleine Geschichtchen gemacht. Auch die Spuren der Römer sind allgegenwärtig und werden geschickt in die lokale Liste der Legenden eingebaut. Nehmen wir den Karneval. In Köln glaubt man den Ursprung des Wortes genau zu kennen: Vor 2000 Jahren zogen die Römer alljährlich zum Winterende ihre Schiffe auf Karren durch die Stadt. Schiffskarren – „Carre Navalis" – Karneval, natürlich! Zumindest die Karnevalisten sind von dieser Version völlig überzeugt.

Wer mehr über solche Geschichten wissen will, der sollte ins Stadtmuseum gehen. Dort erhält man Einblick in den Alltag der Stadt und ihrer Bewohner vom Mittelalter bis heute. Fabelhafte Sagengestalten sind hier

Foto: KölnTourismus Office

Auf den Spuren der Römer.

Foto: KölnTourismus Office

Karneval in Köln: Feiern mit Kölsch und Kostümen.

zu musealen Ehren gekommen: Zum Beispiel die so genannte „Steinefrau", zu der auch noch ein „Steinemann" gehört – die Unglückseligen verfluchten einander zu Steinen. Zu Beginn eines jeden Jahrhunderts wird die Steinefrau lebendig und wandert durch die Straßen Kölns. Oder die Schneiderin aus der Heinzelmännchensage, dem wohl bekanntesten Kölner Märchen. Ein weiteres Prunkstück im Stadtmuseum: Das Kölner Stadtwappen mit den elf lodernden Flammen in der Mitte. Sie stehen für jene 11.000 Jungfrauen, mit denen die Heilige Ursula auf dem Rhein vor Köln einen Angriff der Hunnen abwehrte. Ursula und ihre Begleiterinnen starben in ihren Booten den Märtyrertod. Die Bevölkerung aber blieb verschont und erhob Ursula zu ihrer Stadtheiligen. Ob es wirklich 11.000 Jungfrauen waren oder nur 11 wie ursprüngliche Aufzeichnungen belegen? Die sagenhafte Jungfrauenvermehrung ist leicht zu klären, denn mit deren Gebeinen als religiöse Exportartikel ließ sich gutes Geld verdienen und folglich stieg die Zahl der Heiligen immer weiter in die Höhe. Eine ebenso Gewinn bringende wie pragmatische Lösung.

Direkt neben der Kirche liegt eines der traditionsreichsten Brauhäuser Kölns: Die Schreckenskammer. Ein gruseliger Name, der aber nichts mit den Knochen und Schädeln in der Nachbarschaft zu tun hat. Der Name „Schreckenskammer", der aus dem Jahr1442 stammt, hat eine noch viel furchtbarere Geschichten. Früher bekamen die zum Tode Verurteilten in dieser Stube ihre Henkersmahlzeit und danach ging es zur Hinrichtung. Den Gästen hat es den Appetit allerdings nie verdorben und auf der Speisekarte finden sich einfache und deftige Gerichte, die es auch schon

Foto: KölnTourismus Office

Die Schneiderin aus einem bekannten Kölner Märchen: verewigt im Heinzelmännchenbrunnen.

vor Hunderten von Jahren gab. Aber Köln wäre nicht Köln, wenn sich der Wirt mit seinen Gästen keinen Spaß erlauben würde. Und wer sich hier nicht auskennt, darf sich folglich nicht ärgern, wenn er unter „Halvem Hahn“ oder „Kölschem Kaviar" etwas anderes erwartet hat. Natürlich gibt es auch zum „Halven Hahn“ eine Geschichte: Der Legende nach soll einst ein Köbes im Brauhaus dem Gast ein ganzes Roggenbrötchen mit Käse vorgesetzt haben. Der Gast soll darauf gesagt haben: "Ääver isch will doch bloß ne halve han". Mit der Teilung des Roggenbrötchens gab es dann ein neues Gericht in der Kölner Küche, eben den „Halven Hahn". Der Kölner Kaviar besteht übrigens aus

Foto: KölnTourismus Office

Ein „Köbes“ im Brauhaus.

Blutwurst, Zwiebeln, Senf, Gewürzgurke und Roggenbrötchen.
Blutwurst bekamen übrigens auch die zum Tode Verurteilten als Henkersmahlzeit, auch wenn das damals noch nicht „Kölscher Kaviar“ hieß.

Alles auf einen Blick:

Allgemeine Informationen über Köln:
Kölntourismus Office
(direkt gegenüber vom Dom)
Unter Fettenhennen 19
50667 Köln
Tel: 02 21 / 22 12 33 32
www.koeln.de

Domforum
Domkloster 3
50667 Köln
Tel: 02 21 / 92 58 47 20
Für Gruppen bietet die Dombauverwaltung auch Sonderführungen an:

Stadtführungen
Verschiedene Veranstalter bieten mittlerweile Stadtführungen zum Thema „Kölner Sagen und Legenden“ an. StattReisen hat sich darauf spezialisiert. Die meisten Führer sind Historiker und reagieren auch auf spezielle Wünsche der Gruppe.
Im Programm sind u. a. Stadtrundgänge zum Thema Römerstadt am Rhein und Kölsche Märchen für Kinder. Einige Führungen werden für Gruppen auch als kostümierter Rundgang mit eingebauten Spielszenen angeboten:

StattReisen Köln
Hansaring 135
50670 Köln
Tel: 02 21 / 73 80 95
www.stattreisen-koeln.de

Kölnisches Stadtmuseum
Zeughausstraße 1–3
50667 Köln
Tel: 02 21 / 22 12-57 89

KD
Köln-Düsseldorfer Rheinschifffahrt
Frankenwerft 1
50667 Köln
Tel: 02 21 / 2 08 83 18
www.k-d.com

Vom Drachenfels zum Deutschen Eck

Im romantischen Rheintal

Aus nordrhein-westfälischer Sicht beginnt der schönste Teil des Rheintals gleich hinter Bonn. Hier fängt unsere Reise an – mit dem Schiff, dem Auto, der Bahn oder dem Fahrrad – die durchs enge Tal hinauf zur Moselmündung, zum Deutschen Eck in Koblenz führt.

Früh morgens, wenn die aufsteigende Sonne den dichten Nebel im Rheintal zu durchdringen beginnt, zeigt sich der oft als Schicksalsfluss der Deutschen bezeichnete Rhein von seiner wirklich romantischen Seite. Am Rolandsbogen mag sich jene unglückliche Liebesgeschichte von „Tristan und Isolde“ abgespielt haben. Wer auf dem Rolandsbogen die ersten morgendlichen Sonnenstrahlen genießt und ins nebelige Tal hinunterschaut, der mag den Schmerz verstehen, den jener Ritter Roland empfunden haben muss, wenn er jeden Tag zu seiner im Kloster Nonnenwerth lebenden Geliebten hinunterschaute. Tragisch für beide. Denn sie hatte das Gelübde abgelegt, weil sie Opfer einer Falschmeldung geworden war – der vermeintlich ums Leben gekommene Roland kam zurück, aber eben zu spät.

Tragische Figuren finden sich am Rhein so häufig wie Helden und Heilige. Schon vor der Zeitenwende hatten auf dem Apollinarisberg Götter und Geister ihren Sitz. Spätestens seit 1384 werden oberhalb von Remagen die Reliquien des Heiligen Apollinaris verehrt. Ein heiliger Platz also,

Touristk-Service Ahr, Rhein & Eifel.

Apollinaris-Kirche am Rhein.

Touristik-Service Ahr, Rhein & Eifel.

Idyllischer Blick auf Ahrweiler.

an dem sich auch ein Stück europäische Geschichte abspielte. Denn gleich unterhalb eroberten am 7. März 1945 die Amerikaner die letzte noch intakte Rheinbrücke, die Brükke von Remagen. Sprengversuche der deutschen Verteidiger waren fehlgeschlagen. Die Brücke stürzte erst zehn Tage später unter dem Gewicht amerikanischer Panzer ein. Die Eroberung der Brücke von Remagen, und davon ist der ehemalige Bürgermeister Hans-Peter Kürten überzeugt, dürfte den Zweiten Weltkrieg und das Leiden der Bevölkerung um einige Monate verkürzt haben. Dem Bürgermeister ist es zu verdanken, dass in den Brückentürmen 1980 eine Begegnungs- und Gedenkstätte eingerichtet wurde: das Friedensmuseum „Brücke von Remagen", das seine Pforten nach der Winterpause alljährlich Anfang März wieder öffnet.

Doch nun zu einer wesentlich fröhlicheren Einrichtung: Die Brohltalbahn transportierte ursprünglich abgebautes Vulkangestein aus der Eifel nach Brohl am Rhein. Heute dampft der „Vulkan-Express" wieder an den Wochenenden und fährt Passagiere wie anno dazumal auf der Schmalspurstrecke hinauf in die Eifel. Eine nostalgische Reise ins Brohltal, die zu prächtigen Schlössern und stolzen Burgen führt.

Wer alte Bahnen liebt, kann sich auch an die Holzklasse erinnern. Wer fein war und auf sich hielt, saß in der 1. Klasse und wer fein war und in Bonn studierte, der hatte sogar einen eigenen Bahnhof. In Rolandseck hatten sich die Preußen einen solchen bauen lassen, damit ihre studierenden Söhne nicht mit dem gemeinen Volk zusammen im nahen Bonn aussteigen mussten. Doch die feinen Leute von damals gibt es nicht mehr und die Studenten von heute haben heute ohnehin ein eigenes Auto. Da war der Bahnhof von Rolandseck eigentlich überflüssig. Doch als Hans Arp-Museum zieht er heute sein Publikum an.

Wer ins Rheintal fährt, der will und wird Burgen sehen: Neue Burgen

Foto: Ortwin Wildeman

Der Vulkan-Express dampft auf dem Tönnissteiner Viadukt.

wechseln sich ab mit alten wie Burg Rheineck, gegenüber steht Turm Eins des Römischen Limes. Da wäre auch Schloss Arenfels – im 13. Jahrhundert als Burg erbaut, 400 Jahre später zum Renaissanceschloss umgewandelt und im 19. Jahrhundert neugotisch restauriert. Weiter Rheinaufwärts folgt dann eine Burg der nächsten.

Gegenüber der Ahrmündung liegt das Städtchen Linz. Einer der zahlreichen und beliebten Ausflugsorte zwischen Bonn und Koblenz, die an Wochenenden im Sommer förmlich aus den Nähten platzen. Neugierige Naturen zieht es natürlich gleich zur Burg. Burg Linz lockt tatsächlich mit einem ganzen Strauß voller Angebote (sogar eine römische Glasbläserei ist dabei!) und so gibt es für Gäste bei einer zünftigen Mahlzeit lange und viel zu erzählen.

Ein paar Kilometer weiter rheinaufwärts geht von der Burgruine Hammerstein aus der Blick nach Süden hinüber ins Neuwieder Becken, wo Schloss Engers mit einem der prunkvollsten Barockgebäude im Rheintal aufwarten kann. Heute nutzt die Akademie für Kammermusik, die Villa Musica, Schloss Engers für Ausbildung und Konzerte.

Im Frühling gehört das Rheintal allein seinen Bewohnern. Die ersten warmen Sonnenstrahlen aber kündigen jedes Jahr das baldige Ende der Winterpause an und spätestens zu Ostern ist das Rheintal wieder fest in touristischer Hand. Die zahlreichen Rheinorte – Unkel, Bad Honnef, Sinzig, Bad Breisig, Leutesdorf oder Andernach, sie alle werben mit ihrer eigenen Geschichte, mit Natur und Schönheit und beschwören den „Romantischen Rhein“ – diesseits und jenseits.

Freunde des echten Hochadels kommen in Sayn auf ihre Kosten, hier herrscht seit 28 Generationen die Fürstenfamilie Sayn-Wittgenstein. Das alte Stammschloss wurde wieder aufgebaut und darf von der Öffentlichkeit besichtigt werden. Hier ist auch das Rheinische Eisenkunstgussmuseum untergebracht Sayn war einst ein Zentrum der eisenverarbeitenden Industrie. Gleich nebenan im Schlosspark betreibt die Fürstenfamilie noch eine andere, wesentlich zartere Attraktion, den Garten der Schmetterlinge. Doch uns treibt es weiter zum deutschen Eck.

Schon im 10. Jahrhundert gab es hoch oben über Koblenz eine Burg, die später zur Festung umgebaut, von den Franzosen während der Besetzung des Rheinlandes gesprengt und dann von den Preußen zu einer fast perfekten Befestigungsanlage ausgebaut worden war. Im Landesmuseum Koblenz werden neben der Militärgeschichte der Ehrenbreitstein die technischen Meisterwerke berühmte Konstrukteure aus Rheinland-Pfalz, wie August Horch oder der Erfinder des Otto-Motors gezeigt. Hier steht auch die größte Kanone, der „Vogel Greif", die in der wechselvollen deutsch-französischen Geschichte immer eine wichtige Rolle spielte und die mit der Festung Ehrenbreitstein eng verbunden ist.

Alles auf einen Blick:

Ausführliche Infos zu Festen und Events: „Romantischer Rhein – Vom Drachenfels zum Deutschen Eck" bitte anfordern bei:
Arbeitsgemeinschaft der Fremdenverkehrsorte am Rhein
c/o Koblenz-Touristik
Bahnhofsplatz 7
56068 Koblenz
Tel: 02 61 / 30 38 80
www.touristik-Koblenz.de

Tourismus & Congress GmbH
Regio Bonn/Rhein-Sieg/Ahrweiler
Adenauerallee 131
53113 Bonn
Tel: 02 28 / 91 04 10
www.Bonn-Region.de

Touristik-Service Ahr, Rhein & Eifel
Felix-Rütten-Str. 2
53474 Bad Neuenahr-Ahrweiler
Tel: 0 26 41 / 9 77 30
www.ahr-rhein-eifel.de

Friedensmuseum Brücke Remagen
Rheinpromenade
53424 Remagen
Tel: 0 26 42 / 2 25 72 oder 2 18 63
www. bruecke-remagen.de

Brohltalbahn – Vulkan-Express
Rheinbrohl
Tel: 0 26 33 / 8 03 03
www.brohltalbahn.de

Burg Linz
Burgplatz 4
53545 Linz am Rhein
Tel: 0 26 44 / 70 21
www.burg-linz.de

Landesmuseum Koblenz – Festung
Ehrenbreitstein
Hohe Ostfront
56077 Koblenz
Tel: 02 61 / 9 70 30
www.landesmuseum-Koblenz.de

Landesverkehrsverband Rheinland e. V.
Ottoplatz 2
50679 Köln
Tel: 02 01 / 8 09-76 69
www.rheinland-info.de

Schloss Engers – Villa Musica
Besichtigung und Konzerte
Alte Schlossstr. 2
56566 Neuwied-Engers
Tel: 0 26 22 / 9 26 40
www. schloss-engers.de

Garten der Schmetterlinge
Im Fürstlichen Schlosspark
56170 Bendorf-Sayn
Tel: 0 26 22 /- 1 54 78

Schloss Sayn
Schlossstraße 100
56170 Sayn
Rheinisches Eisenkunstguss-Museum
Tel: 0 26 22 / 9 02-9 13
www.sayn.de

Hinter den sieben Bergen

Zwischen Löwenburg und Burg Blankenberg

Die abwechslungsreiche Landschaft zwischen Rhein und Sieg ermöglicht Blicke hinter die sieben Berge. Zwischen Löwenburg und Burg Windeck ist eine spannende geschichtsträchtige Region zu entdecken. Vor allem aber gibt es jede Menge unberührte Natur hinter den sieben Bergen.

In den vorwinterlichen Tagen geht der Blick vom Siebengebirge ungetrübt bis zum Horizont. Allmorgendlich das selbe Schauspiel – langsam nur lösen sich die Nebel und geben die Sicht ins Rheintal frei. Der sonst übliche touristische Rummel rund um den Drachenfels vor den Toren Bonns hat spürbar nachgelassen hat. Es ist die Zeit, in Ruhe einen Blick hinter die sieben Berge zu werfen, um die Schönheiten des Siebengebirges in sich aufzunehmen. Die besondere Lage gleich unterhalb des Drachenfelses wusste auch ein gewisser Konrad Adenauer zu schätzen.

Obwohl lange Zeit Oberbürgermeister von Köln ließ sich der spätere Bundeskanzler 1935 hier in Bad Honnef, im Ortsteil Rhöndorf, nieder. Sein Wohnhaus ist öffentlich zugänglich und Teil der Gedenkstätte „Stiftung Bundeskanzler Adenauer Haus". Mit 87 Jahren erst trat Adenauer vom Amt des Bundeskanzlers zurück und lebte bis zu seinem Tod vier Jahre später in Rhöndorf, wo man ihn gelegentlich beim Kaffeetrinken sehen konnte. Doch viele der netten Cafés, der heimeligen Kneipen und Restaurants haben zur morgendlichen Stunde noch geschlossen. So steht dem Spaziergang zur nahen Löwenburg nichts im Wege.

Die Löwenburg, um 1100 gebaut, markierte im Mittelalter die Grenze zwischen den beiden Staaten der

Kölner Kurfürsten und den Grafen zu Sayn. Eine mächtige Burg, deren Ruine erst in den 80er Jahren wieder ausgegraben und begehbar wurde. Es ist ein beliebter, aber wegen der größeren Entfernung zu Parkplätzen keineswegs überlaufener Aussichtspunkt mitten im Naturschutzgebiet Siebengebirge. Von hier aus sind auch die anderen sechs Berge gut auszumachen: der Drachenfels, die Wolkenburg, der Petersberg, der Nonnenstromberg, der Lohrberg und schließlich der Große Ölberg, mit 461 Meter der höchste der über 50 zum Siebengebirge gehörenden Berge.

Mitten drin, in Königswinter-Thomasberg, gibt es eine weitere Möglichkeit, um sich mit deutscher Geschichte zu beschäftigen. Das Kultur- und Bildungszentrum „Haus Schlesien", das samt Restaurant mit schlesischen Spezialitäten das ganze Jahr über geöffnet ist, sieht sich samt seiner umfangreichen Ausstellung als Begegnungsstätte, die den Dialog sucht.

Ein nächster Höhepunkt im wahrsten Sinne des Wortes ist der Ölberg mit dem wohl besten Fernblick weit über das Siebengebirge hinaus. Aber auch der muss erwandert werden, denn im ältesten Naturschutzgebiet Deutschlands ist die Zufahrt für Autos auch zum kleinen, aber feinen Restaurant „Am Ölberg" nur bis zur Margaretenhöhe erlaubt.

Auf dem Weg hinunter nach Siegburg sollte ein kleiner Abstecher nach Blankenberg unbedingt mit einkalkuliert werden. Die einst kleinste Stadt Deutschlands hoch oben über der Sieg gilt nicht nur wegen ihrer schönen Fachwerkhäuser als beliebtes Ausflugsziel hinter den sieben Bergen. Von hier geht der Blick hinüber zur Abtei auf dem Michaelsberg, die der Kreisstadt Siegburg ihre unverwechselbare Silhouette verleiht. Über gut ausgebaute Rad- und Wanderwege entlang der Sieg sind es nur ein paar Kilometer bis zu jener Basaltkuppe, auf der der Kölner Erzbischof Anno II. um 1060 ein eigenes Kloster grün-

Foto: Tourismus Siebengebirge

Foto: Ralph Hinterkeuser

Siegburger Steinzeug aus der Renaissance.

dete, es unter den Schutz des Erzengels Michael stellte und in die Hände von Benediktinermönchen gab.
Zu den Bewohnern von heute gehört Frater Franziskus, der nach den alten überlieferten Rezepturen den klostereigenen Kräuterlikör herstellt. Was drin ist, bleibt natürlich das

Foto: Ralph Hinterkeuser

Der junge Engelbert Humperdinck.

Geheimnis der Mönche vom Michaelsberg. Weniger geheimnisvoll ist dagegen die Geschichte der Stadt Siegburg. Im 16. und 17. Jahrhundert lag hier das Töpferzentrum der damals bekannten Welt. Über die Hanse und holländische Seeleute wurde Siegburger Gebrauchskeramik bis nach Südamerika und Australien verschifft. Mit dem Ende des 30jährigen Krieges war auch die Blütezeit der Stadt vorüber. All das lässt sich heute im Stadtmuseum nachvollziehen. Ein Ort, der neben der Geschichte lebendige Geschichten zu bieten hat. Jeden Sonntag finden hier, zwischen den Fundamenten der alten Stadtmauer, Ausstellungen und Konzerte statt. Wo 1854 der Komponist Engelbert Humperdinck geboren wurde, da hatten sich Jahrhunderte zuvor unterhalb der alten Schule, dem heutigen Stadtmuseum, grausame Hexenprozesse abgespielt. Hier bleiben die Erinnerungen an die abwechslungsreiche Geschichte der Stadt lebendig. Eine fast 1000jährige Geschichte, die wesentlich von der Abtei geprägt wurde.

Historie und Gegenwart, Denkmäler und Alltägliches treffen in Siegburg auf dem Marktplatz zusammen. Das älteste erhalten gebliebene Gebäude, das ehemalige Pfarrhaus, steht neben der St Servatius Kirche. In deren Schatzkammer wird der spätromanisch-gotischer Kirchenschatz der Abtei aufbewahrt. Vom öffentlich zugänglichen Kirchturm der Abtei auf dem Michaelsberg ist alles zu sehen, soweit das Wetter es zulässt. Ein Blick über Siegburg hinweg in die Köln-Bonner Bucht. Hinüber zu den Sieben Bergen, die diese Landschaft am Rhein geprägt haben.

Alles auf einen Blick:

Tourismus Siebengebirge GmbH
Bad Honnef-Königswinter:
Drachenfelsstr. 11
53639 Königswinter
Tel: 0 22 23 / 91 77 11
und
Hauptstr. 30
53640 Bad Honnef
Tel: 0 22 24 / 1 94 33

Siebengebirgsmuseum
Kellerstraße
53639 Königswinter
Tel: 0 22 23 / 37 03
www.7gmuseum.de
Öffnungszeiten:
Di. bis So. 14.00–17.00 Uhr.

Drachenfelsbahn
Drachenfelsstr. 53
53639 Königswinter
Tel: 0 22 23 / 9 20 90
www.drachenfelsbahn-koenigswinter.de/
Deutschlands älteste Zahnradbahn.

Stiftung „Haus der Konrad-Adenauer-Stiftung"
Konrad-Adenauer-Str. 8c
53604 Bad Honnef
Tel: 0 22 24 / 92 12 34
www.adenauerhaus.de
Öffnungszeiten:
Di–So 10.00–16.30 Uhr

Haus Schlesien
Deutsches Kultur- und Bildungszentrum e. V.
Dollendorferstr. 412
53639 Königswinter-Heisterbacherrott
Tel: 0 22 44 / 88 60
Öffnungszeiten:
Di–So 10.00–12.00 Uhr
und 13.00–17.00 Uhr.

VVS – Verschönerungsverein für das Siebengebirge
Poppelsdorfer Allee 15
53111 Bonn
Tel: 02 28 / 21 30 06
www.naturpark-siebengebirge.de

Anreise:
Mit der Bahn: Bahnhof Königswinter, von Bonn, Siegburg und Bad Honnef aus mit der Straßenbahn (Linie 66); mit dem Schiff bis Königswinter; mit dem Auto über die A3 (Köln-Frankfurt), Ausfahrt Siebengebirge.

Eifel

Mitten im Herzen Europas – wo sich Deutschland, Belgien und Luxemburg treffen – liegt die Eifel. Reizvoll erhebt sich das herbe Hochmoor des Hohen Venn mit seinen Sümpfen, die von Belgien aus in den Westen Nordrhein-Westfalens hineinragen.

Beginnen wir mit dem **Winterzauber in Hellenthal.** Das ist ein Schneevergnügen nicht nur für Langläufer in der Hocheifel. Einzigartig und wild-romantisch präsentiert sich die fast unberührte Urlandschaft **Rund ums Hohe Venn** mit ausgedehnten Mooren und Wäldern. Schon geht's auf **Burgensuche am Eifelrand.** Rekordverdächtig ist der Kreis Euskirchen mit 134 Wasserburgen!

Die richtige Mischung aus Tradition und Moderne macht's: **Rund um Bad Münstereifel** kommt jeder auf seinen Geschmack: Eine alte Burg, das Rote Rathaus oder Heino locken!
Bei einem Rundkurs auf dem Fahrrad – vorbei an Burgen und Schlössern – lassen sich zumindest beim **Radeln im Aachener Revier** die zuviel gefutterten kleinen Sünden gleich wieder abstrampeln.

Informationen:

Eifel Touristik Agentur NRW

Postfach 1346
53879 Bad Münstereifel

Tel: 0 22 53 / 92 22 22

www.eifel-touristik.de

Winterzauber in Hellenthal

Von Krippen, Eisenbahnen, Gruben und Schneevergnügen

Winter in der Hocheifel! Das heißt natürlich Langläufer in Hellenthal, aber auch: Krippana, Europas größte Krippenausstellung sowie Euro Tecnica, eine der größten digitalen Modelleisenbahnanlagen Europas. Und schließlich lädt die „Grube Wohlfahrt" zu einer Fahrt in die Vergangenheit ein.

Kräftige Kaltblüter stemmen sich ins Geschirr und auf dem Bock sitzt seit fünf Generationen jemand aus der Familie Pützer. Früher waren die Pützers Fuhrleute, heute sind sie mit Gästen unterwegs. Ob Groß oder Klein – eine Pferdekutschenfahrt durch die verschneite Eifel zählt sicherlich zu den besonderen Höhepunkten in den vorweihnachtlichen Wochen.

Foto: Gemeinde Hellenthal

Am Skilift „Weißer Stein" bei Udenbreth stürzen sich Skifahrer ins Schneevergnügen.

Wer sich sonst um diese Zeit aufgemacht und in die Eifel gekommen ist, der will selbst aktiv werden – mit kleinen Hilfen, versteht sich. Hier muss man kein Alleskönner sein, die immerhin einige hundert Meter langen Pisten geben jedem Gelegenheit zum Üben und Spaß haben. Bei ausgezeichneten Schneeverhältnissen müssen es keine fernen Berge sein – am „Weißen Stein" oder dem „Schwarzen Mann" lässt sich alles ausprobieren. Ob Ring oder Matte, Schlitten oder Ski, runter kommt hier alles. Hauptsache, es rutscht.

Es soll ein guter Stern sein, der über der original belgischen Dorfkrippe in Hellenthal-Losheim steht. Er zeigt alljährlich Tausenden von Besuchern den Weg zu Europas wohl größter Krippenausstellung – der Krippana. Auf 2500 Quadratmetern präsentieren sich mehr als 150 Krippen aus 33 Ländern.

Krippen aus aller Herren Länder zeigen die Fantasie und das handwerkliche Geschick ihrer Erbauer. Sie zeigen auch deren Alltagsleben und so finden sich viele Details, die nicht unbedingt etwas mit Weihnachten zu tun haben müssen. Aber das Krippenbauen hat viele Philosophien und so gibt die Krippana auch gleich Hilfestellung beim Selber-Nach-

Foto: KRIPPANA, Losheim

Geburtsszene des Jesuskindes – eine von 150 Krippen in der Krippana.

machen. In speziellen Kursen kann hier jeder, der etwas handwerkliches Geschick aufbringt, seiner persönlichen Interpretation der Weihnachtsgeschichte näherkommen.

Der Weg von den Krippenbauern zur eher irdischen Bastelfreude ist in Losheim nicht weit. Gleich gegenüber wartet die EURO-TECNICA mit reellen Weihnachtswünschen auf. Fast eine halbe Million Mark hat diese computergesteuerte Modelleisenbahn gekostet. Im ehemaligen Zollhaus fährt hier im Miniformat auf 110 Quadratmetern alles, was in Europa unterwegs ist.

In Rescheid wartet eine ganz andere Tradition auf Besucher. Die Printen von Bäcker Jenniches haben Weltruhm. Übrigens: Frische Printen sind knochenhart und halten sich in der Verpackung lange. Ihr besonderes Aroma aber entwickeln sie erst ein, zwei Tage nach dem Auspacken.

Wo wir gerade beim Essen sind – gut bürgerliche Küche ist in der gesamten Hocheifel anzutreffen – ausgefallene Restaurants wie das Kronenburger Eifelhaus mit vegetarischem Anspruch sind leider noch selten. Kein Problem dagegen bereiten die Unterkünfte. Ferien auf dem Bauern-

Foto: EUROTECNICA

Die computergesteuerte Modelleisenbahn in Losheim lässt die Herzen von Eisenbahn-Fans höher schlagen.

Foto: Heimatverein Rescheid

„Grube Wohlfahrt": Eisen-Oxid-Ablagerungen lassen die Nebenstollen in besonderem Glanz erscheinen.

hof („Urlaub bei Freunden") kosten lediglich 30 bis 40 Mark die Nacht. Da ist es viel zu schade, am Abend gleich wieder nach Hause zu fahren. Vor allem, wenn das Wetter stimmt und in der Eifel Schnee liegt.

Lange vor unserer Zeit hätte die Gemeinde Hellenthal ihre Loipen in über 5000 Meter Höhe spuren müssen, denn so hoch war einst die Eifel. Vom einstigen alpinen Gebirge ist aber nicht viel übrig geblieben. Im Gegenteil: Nur wenige Meter unter der Oberfläche befindet sich der versteinerte Boden eines Meeres. Vor ungefähr 300 Millionen Jahren brachen sich auf beiden Seiten der heutigen Eifel ungeheure Kräfte Bahn, die den Boden des Meeres vom waagerechten in den senkrechten Zustand drückten. Solche Verwerfungen nutzten die Bergleute des 15. Jahrhunderts, denn so konnten sie ihre Stollen leichter in den Berg hauen. Bis zu Beginn des Ersten Weltkriegs wurde in der heute zu besichtigenden „Grube Wohlfahrt" unter äußerst harten Bedingungen Blei abgebaut. Damals mussten die Bergleute tagtäglich auf allen Vieren in die Stollen kriechen. Später, als die Stollen größer wurden, fuhr dann sogar eine Grubenbahn. Wartende Bergleute haben sich in der Nähe eines alten Schachtes verewigt. Eisen-Oxid-Schlämme lassen die kleinen Nebenstollen in besonderem Glanz erscheinen. Heute ist das Besucherbergwerk in Rescheid das ganze Jahr über gefahrlos zu Fuß zu besichtigen – kriechen muss hier keiner mehr.

Foto: Heimatverein Rescheid

Besucher der „Grube Wohlfahrt" erfahren hier etwas von der harten Arbeit unter Tage.

Alles auf einen Blick:

Allgemeine Informationen:
(incl. Ferien auf dem Bauernhof):
Eifel-Touristik Agentur
Postfach 1346
53897 Bad Münstereifel
Tel: 0 22 53 / 9 22 2-0
www.eifel-touristik.de

Verkehrsamt Gemeinde Hellenthal
Rathausstr. 2
53940 Hellenthal
Tel: 0 24 82 / 8 51 15
Schnee-Telefon für die Eifel:
Tel: 0 24 82 / 8 52 00

Kutschenfahrten
Winfried Pützer
Kölnerstr. 26
53940 Hellenthal
Tel: 0 24 82 / 15 83

Krippana
Prümer Str. 54
53940 Losheim/Eifel
Tel: 0 65 57 / 8 66

Euro-Technica
Altes Zollamt
Prümer Str. 54
53940 Losheim/Eifel
Tel: 0 65 57 / 92 06 40

Eifel-Haus
Biologisches Restaurant mit Hotel
Burgbergring 12
53949 Dahlem-Kronenburg/Eifel
Tel: 0 65 57 / 2 95

Besucherbergwerk Grube Wohlfahrt
Gierscheid 36
53940 Hellenthal-Rescheid
Tel: 0 24 48 / 6 37 (vorm.)
0 24 48 / 91 11 20

Printenbäcker Jenniches
53940 Hellenthal-Rescheid
Tel: 0 24 48 / 2 49

Wildgehege Hellenthal
53940 Hellenthal
Tel: 0 24 82 / 22 92

Rund ums Hohe Venn

Stürmische Winde und heimelige Orte

Wenn sich der Herbst an der deutsch-belgischen Grenze mit morgendlichen Nebelschwaden breit macht, dann zeigt sich die fast unberührte Urlandschaft von ihrer schönsten und romantischsten Seite.

Südlich von Aachen, angrenzend ans Monschauer Land, erstreckt sich über fast 4000 Hektar eine Landschaft von ganz besonderem Reiz: Das Hohe Venn mit seinen Hoch- und Niedermooren, seinen Heiden und ausgedehnten Wäldern. Der Name dieser Landschaft stammt vom lateinischen Wort fagna (Sumpf oder Morast). Daraus haben sich in den einzelnen Sprachen Bezeichnungen wie Venn, Fehn, Veen, Fagne oder Fango entwickelt. Das Naturschutzgebiet „Hohes Venn" wurde 1957 gegründet und 1966 mit dem „Europäischen Naturschutzdiplom" ausgezeichnet.

Bevor Sie diese diplomierte Landschaft per pedes erobern, können Sie sich noch mal in Ihre eigene Kindheit zurückversetzen lassen: Die nostalgische Vennbahn lässt den uralten Kindertraum vom Lokomotivführer lebendig werden. Mit viel Dampf geht es von Eupen aus an jedem Sonntag von April bis Oktober hinauf ins Hohe Venn. Egal, ob Sie dann in Monschau, Kalterherberge oder Sourbrodt starten – in diesem Teil der Eifel sind überall wunderschöne Wanderungen möglich. Nur wer in die ausgewiesenen Schutzzonen des Hohen Venns hinein will, der muss sich im Naturparkzentrum in Botrange anmelden und einen speziell ausgebildeten Führer mieten. Aber dann steht dem morgendlichen Naturschauspiel nichts mehr im Wege, das Wanderer aus ganz Europa an diesen höchsten Punkt Belgiens zieht.

Einmal wieder richtig Weite erleben, davon schwärmt auch Naturführer Dieter Sembdner. Auch von den kilometerlangen Wegen durch unberührte Natur ist er nach wie vor fasziniert. Schauen, Hören und Riechen – mit allen Sinnen lässt sich erfahren, was die fast menschenleere Welt zu bieten hat. Gerade im Herbst, wenn das Licht ständig wechselt, die Sonne langsam aus dem Nebel hervortritt, die Farben sich stets ändern, empfinden Besucher und Naturführer das einmalige Naturschauspiel des Hohen Venn am intensivsten. Dabei wäre diese Landschaft durch Entwässerungsgräben und Torfabstich fast vollkommen zerstört worden. Doch seit einiger Zeit hat sich das ökologische Gleichgewicht wieder eingestellt

Foto: Monschau Touristik

Wanderer in Hohen Venn.

Foto: Monschau Touristik

Der Eifeldom in Kaltenherberge verdankt seinen Namen den beiden Türmen.

und das Moor in diesem regenreichen Gebirgsrand kann wieder wachsen. Nur ein äußerst nährstoffarmer Boden und viel Wasser geben den Torfmoosen ideale Lebensbedingungen, und was das Moor an Wasser nicht mehr aufnehmen kann, das sammelt sich hier in der Rurquelle. So entsteht ein Fluss, der dann in Roermond in die Maas mündet.
Tief herunter gezogene Dächer trotzen dem Wind, denn das hohe Venn ist ein rauer Landstrich, über den stürmische Westwinde fegen. Auf dem Hochplateau zwischen Kalterherberge und Mützenich, zwischen Höfen und Monschau halten dicke Buchenhecken den schlimmsten Wind und die größte Kälte von den Häusern ab. Für den Wanderer finden sich fast überall kleine Kneipen, urige Gaststätten und bequeme Herbergen wie das Gasthaus "Zur Buche", in denen sich Wind und Wetter für ein Weilchen vergessen lassen. Für eine kurze Stippvisite, einen wärmenden Platz am Ofen, hat schließlich auch der unermüdlichste Wanderer einmal Zeit. Außerdem stellt sich ja auch mal der Hunger ein. Wie wäre es also mit einem leckeren Blaubeer-Pfannekuchen und einem Glas heißen Tee?

Foto: Breuer

Von Knoblauchsenf bis Johannisbeersenf – 14 Sorten bietet die Senfmühle von Guido Breuer.

Für rein geistig orientierte Naturen empfiehlt sich im Hohen Venn der „Eifeldom“, der schon von weitem sichtbar ist. Die beiden Türme haben der Pfarrkirche in Kalterherberge diesen stolzen Namen eingebracht. Von Kalterherberge sind es nur noch wenige Kilometer bis nach Monschau. Die wuchtige Burg aus dem 12. Jahrhundert beherrscht den kleinen Ort im Rurtal, der sich so gern als „Perle der Eifel“ bezeichnet. Monschau, ein ehemaliges Zentrum der Tuchmacher, besitzt stolze Paläste wie das „Rote Haus“ mit seinem Museum, die vom Reichtum vergangener Jahrhunderte beredtes Zeugnis ablegen. Die Stadt schmückt sich mit einer liebevoll gepflegten Altstadt, deren Charme sich am besten unter der Woche zeigt, wenn die sonst üblichen Besucherströme sich in Grenzen halten. Dann erst wird auch ein Besuch der „Senfmühle“ zu einem Erlebnis. Nichts, was es an Eifeler Köstlichkeiten hier nicht gäbe! Im angeschlossenen „Schnabuleum“ kann man sich von den Qualitäten heimischer Produktion überzeugen: Ardenner Schinken, Monschauer Urkorn, Eifeler Wildpasteten und natürlich Senf. Damit ist Guido Breuer, der Müller, weit über die Grenzen der Eifel hinaus bekannt.

„1882 hat mein Urgroßvater die Firma gegründet“, erzählt Guido Breuer. „Mittlerweile machen wir schon 14 verschiedene Sorten. Vom Knoblauchsenf, dem Urrezept, unser Klassiker, über Chili bis hin zum Pfeffer. Neuerdings haben wir auch fruchtige Senfe, zum Beispiel einen Johannisbeer-Senf, der wirklich ein absoluter Verkaufsschlager geworden ist. Er passt zu schönen Wildsaucen und feinen Marinaden – es ist eben allerhand zu machen mit unserem Senf in der Küche.“

Von der Senfmühle ist es nicht mehr weit bis zum „Handwerkerdorf“ in Monschau. Hier lässt sich stundenlang nach dem richtigen Mitbringsel Ausschau halten. Handwerkstechniken und Produkte aller Art machen die alte Fabrikhalle vor allem bei schlechtem Wetter zu einem beliebten Ausflugsort.

Monschau bietet aber nicht nur ehrwürdige Paläste und urige Fachwerkhäuser an der Rur, sondern auch gemütliche Restaurants, viele Geschäfte und Souvenirstände für Touristen aus aller Herren Länder – und die Burg. Genauer gesagt: Die Jugendherberge in der Burg. Die bietet seit langem schon nicht nur für Wanderer und Klassenfahrten preiswerte Unterkunft, sondern hat sich vor allem zu einer beliebten Familien-Jugendherberge entwickelt. Jugendliche finden hier schnell Kontakt zueinander und so haben

Foto: Monschau Touristik

Glasbläser.

auch die Eltern ausreichend Zeit für Erholung. 80 Mark pro Nacht für eine vierköpfige Familie und das Ganze in einem romantischen Burgzimmer. Da muss man selbst Jugendliche nicht mehr lange fragen.

1251 Meter geht es im Sommersportzentrum im Ortsteil Rohren bergab. Im Winter sorgen vier Skilifte und ungezählte Loipen für ein zusätzliches Angebot – abwechslungsreiche Pausenplätzchen mit inbegriffen.

Die tiefen eingeschnittenen Täler, die sanften Höhen des Venns – dieser landschaftliche Wechsel gibt diesem Teil der Eifel seinen besonderen Charakter. Nur noch wenige Menschen leben hier von der Landwirtschaft. Und die Bauern freuen sich, wenn sie den fernen Städter von der Qualität ihrer Kartoffeln überzeugen können. Wer übrigens mit der Bahn hinauf aufs Venn gekommen ist, der kommt jetzt auch mit dem Rad wieder hinunter und kann der Rur bis zu den großen Stauseen folgen, dort weiterfahren oder am Abend mit der Rurtalbahn bequem den Rückweg in Richtung Aachen antreten.

Oder er nimmt den Weg über Mützenich und kann sich von der Naturführerin Gisela Wendt ein besondres Stück Natur zeigen lassen. Seit die Förster verstanden haben, dass nicht überall Fichten gepflanzt werden müssen, kann sich plötzlich auch im Kleinen wieder das entwickeln, was dieser Landschaft einmal ihren natürlichen Charakter gab – eine Moorfläche.

Irgendwann wird sich hier im Hohen Venn dann auch das wieder einstellen, was nach der letzten Eiszeit begonnen hatte – ein grenzenloses Moor bis zum Horizont.

Alles auf einen Blick:

Allgemeine Informationen:
Eifel Agentur-Touristik NRW
Postfach 1346
53897 Bad Münstereifel
Tel: 0 22 53 / 92 22 - 0
www.eifel-touristik.de

Monschau-Touristik GmbH
Stadtstr. 1
52156 Monschau
Tel: 0 24 72 / 33 00
www.monschau.de

Naturparkzentrum Hohes Venn-Eifel
131, Route de Botrange
B - 4950 Robertville
Tel: 00 32 / (0) 80 - 44 03 00
Hier gibts Infos rund ums Hohe Venn und zu geführten Wanderungen und Übernachtungen

Besondere Informationen zum Deutsch-Belgischen Naturpark Eifel – Hohes Venn:
Geschäftsstelle:
Monschauer Straße 12
52076 Aachen
Tel: 02 41 / 6 30 01
www.naturpark-hohesvenn-eifel.de

Jugendherberge Monschau-Burg
Auf dem Schloss 4
52156 Monschau
Tel: 0 24 72 / 23 14
www.djh.de/jugendherbergen/monschau-burg

Informationen und Fahrplan der Venn-Bahn
www.vennbahn.de

Auf Burgensuche am Eifelrand

Von Rittern, Minnesängern und fahrendem Volk

Das ist Rekord! Nirgends sonst auf der Welt gibt es so viele Wasserburgen wie im Kreis Euskirchen: 134 Burgen! Radeln Sie mit auf der „Wasserburgen-Route" oder fahren Sie ab auf die „Euskirchener Burgenrunde" – einer gut 50 Kiolometer langen Tour zwischen Rotbach und Erft.

Auf Burg Satzvey dreht sich mehrmals im Jahr das Rad der Geschichte ein paar Jahrhunderte zurück. Hier blüht, einer Zeitreise gleich, das Mittelalter wieder auf. Während die Ritter schon mal für das große Turnier am Abend üben, dürfen sich die Besucher einen ganzen Tag lang dem Treiben der Gaukler und Spaßmacher, den Händlern und Handwerkern und allerlei anderem fahrendem Volk hingeben – ein besonderes Spektakel, das auch nach über 20 Jahren immer noch seinesgleichen sucht. Burg Satzvey gilt als der Ursprung aller Ritterspiele und an solchen Tagen darf auch ein Blick ins Innere der aus dem Jahre 1406 stammenden Burg geworfen werden.

Foto: Burg Satzvey

Historische Weihnacht auf Burg Satzvey – das etwas andere Erlebnis.

Diese sicherlich bekannteste Burg am Eifelrand aber ist nur eine von 134 Burgen, die allein im Kreis Euskirchen heute noch zu finden sind. Nur gut einen Kilometer entfernt erhebt sich Burg Zievel. Sie ist eine der ältesten Burgen in diesem Landstrich und war ursprünglich Sitz des Hochadels. Die herausragende, gesellschaftliche Stellung ihres Erbauers lässt sich übrigens noch heute am großen Burgturm erkennen.

Dies gilt auch für die nahe Burg Veynau. Sie war einst die stärkste Festung weit und breit. In den ständigen Auseinandersetzungen mit den Kölner Erzbischöfen und Kurfürsten diente sie den Grafen von Jülich zur Sicherung ihres Hoheitsgebietes. Diese jahrhundertelangen Streitigkeiten waren es auch, die zu der Vielzahl an Burgen führte. In den letzten Jahren wurde Burg Veynau mit Hilfe des Landes Nordrhein-Westfalen gründlich restauriert, heutet arbeitet hier ein Zeitschriftenverlag.

Auf den vielen kleineren Burgen bestimmt allerdings wie eh und je die Landwirtschaft das Geschehen. Auf Burg Reddinghoven wächst in einer großen Herde das heran, was als Martinsgans am 11. November, am

Foto: Burg Satzvey

Die wohl bekannteste Burg am Eifelrand: Burg Satzvey.

St.-Martinstag, in die Bratröhre soll. Der kleine Bauernladen ist eine gute Gelegenheit, sich zudem mit heimischem Obst und Gemüse zu versorgen. Wer im Kreis Euskirchen mit dem Fahrrad auf der „Wasserburgen-Route" unterwegs sind, kann hier also vitaminreich auftanken. Ein Teilstück – die „Euskirchener Burgenrunde" führt auf einer Länge von 50 km rund um Euskirchen auf gut ausgebauten und beschilderten Wegen durch eine abwechslungsreiche Landschaft – und natürlich an allein 30 Burgen vorbei!

Diente einst der Wassergraben dem Schutz der in der Ebene liegenden Burg, so unterstreicht er heute deren Einmaligkeit. Durch umfangreiche Sanierungsarbeiten wurde Burg Kühlseggen, von der Autobahn aus am Bliesheimer Dreieck gut zu sehen, 1964 vor dem Verfall bewahrt. Weiter geht die Rundfahrt entlang des Rotbachs und der Erft. Wie Perlen an einer Schnur folgt hier eine

Burg Zülpich – ein wunderschöner Anblick.

Burg der anderen. Klein-Büllesheim zum Beispiel. Der Name trügt übrigens, denn die Burg ist alles andere als klein.
Von der einst mächtigen Burganlage in Groß-Vernich ist nicht mehr viel übrig geblieben. Burg Bodenheim dagegen wird, frisch renoviert, die Zeit überdauern, so wie Burg Arloff, mit ihrem einmaligen Wohnturm von 1269. Auch die Kleeburg, eine der kleinsten Burgen am Eifelrand, bleibt dank millionenteurer Sanierungsarbeiten der Nachwelt erhalten. Gerade einmal 300 Quadratmeter Wohnfläche weist die Burg auf, doch die umgeben einen sehr charmanten kleinen Innenhof. Der Kölner Hemdenhersteller Daniels & Korff erwarb 1998 das herunter gekommene Anwesen, in dessen Vorburg nun Entwicklungsabteilung, Versand und Verkauf des Modehauses untergebracht sind. Auch hier sind einige Räumlichkeiten für private Feiern zu mieten.
Haus Busch dagegen brilliert immer wieder mit hochkarätigen Kunstausstellungen, ansonsten aber bitten die Bewohner der Burgen, wie auf der unteren Burg in Antweiler oder dem Haus Dürffenthal, die vorbeiradelnden Besucher um Rücksichtnahme. Führungen gibt es, wenn überhaupt, nur zu besonderen Anlässen wie dem „Tag des Denkmals" Anfang September oder an speziellen Radwandertagen im Kreis Euskirchen.
Gleich außerhalb der Stadt bietet sich dem Erholungssuchenden am Zülpicher See ein überaus attraktives Freizeitangebot, das an einem schönen Sonnentag die Suche nach weiteren Burgen durchaus in den Hintergrund drängen mag.
Auch auf Schloss Eicks merkt man förmlich die Aufbruchstimmung unter den Burgenbesitzern, das wachsende Bewusstsein für die eigene Geschichte, die Bereitschaft, mit viel Engagement das einmalige Kulturerbe erhalten zu wollen. Frisch renoviert sind auch diese Räumlichkeiten zu mieten. Hier werden wieder rauschende Feste gefeiert und Konzerte veranstaltet, wie auch auf Burg Langendorf. In der Remise finden junge Nachwuchstalente, wie das nordrhein-westfälische Jugendkam-

merorchester, ideale Voraussetzungen für die Präsentation in passendem Ambiente. Die Fahrt abseits großer Straßen bietet zum Ende eines Tages noch einen besonderen Höhepunkt. Dann, wenn Graf und Gräfin Beissel von Gymnich als Krönung der Saison zum Burgfest mit Bauernmarkt und anschließendem Ritterspiel einladen. Das Volk von Satzvey wie auch alle anderen Besucher sind bei diesem besonderen Spektakel im Schatten der Burg ehrenwerte Gäste mit Anspruch auf einen Sitzplatz. Edle Ritter werden nun für die Ehre der Prinzessin kämpfen, die der Hexerei beschuldigt ist. Ein mittelalterliches Hauen und Stechen soll schließlich den Sieger und somit ihr Schicksal bestimmen.

Alles auf einen Blick:

Allgemeine Informationen:
Eifel-Touristik-Agentur
Postfach 1346
53897 Bad Münstereifel
Tel: 0 22 53 / 9 22 2-0
www.eifel-touristik.de

Burg Satzvey
Burgstraße
53894 Mechernich-Satzvey
Tel: 0 22 56 / 18 34
Burg Satzvey liegt an der A1, Ausfahrt 111 Wisskirchen, dann rechts abbiegen und links den Schildern zum Ort Satzvey folgen. Die Burg ist in ca. 2 Minuten zu Fuß vom Satzveyer Bahnhof zu erreichen. Informationen und Termine im Internet unter:
www.burgsatzvey.de

Informationen über Konzertveranstaltungen:
Eifel-Events
Heimertsberg 18
53894 MECHERNICH
Hotline: 01 80 / 3 67 10 14
www.eifel-events.de

Burg Langendorf
Burg Langendorf liegt an der Bundesstraße 265 Richtung Gemünd, Schleiden, nur 3 Kilometer westlich von Zülpich.
Konzerte und Informationen im Internet unter:
www.vetter-Konzerte.de/
Konzert in der Remise
Blatzheimer Straße 10–12
53909 Zülpich
Tel: 0 22 52 / 30 08 52

Burg Eicks
Fahren Sie die BAB A1, Ausfahrt Euskirchen-Wisskirchen, Richtung Mechernich, in Kommern rechts dem Hinweisschild nach Eicks folgen. Die Burg ist in Privatbesitz und kann innen nicht besichtigt werden.
Informationen zum Radfahren im Kreis Euskirchen:
www.wasserburgenroute.de

Büchertipp:
„Mauern, Türme und Ruinen – Ein Wanderführer zu Burgen und Schlössern im Kreis Euskirchen"
Harald Herzog / Klaus Ring
Rheinlandverlag GmbH 1990

„Die Wasserburgen-Route – Radeln in der Rheinischen Bucht"
Wienand-Verlag Köln
„Die Euskirchener Burgenrunde – Radeln zwischen Erft und Eifel"
Bouvier-Verlag, Bonn
www.wasserburgenroute.de

Rund um Bad Münstereifel

Es begann mit einem Kloster

Die Geschichte der Stadt Bad Münstereifel begann im Jahre 830 mit dem Bau eines Klosters. Alsbald waren hier Reliquien zu bewundern, Wallfahrer kamen, eine Burg wurde gebaut und Bad Münstereifel stieg zur Metropole an der Erft auf.

Zeugin der Vergangenheit, ersehntes Ziel der Pilger und lebendige Stadt der Moderne – Bad Münstereifel hat viel zu bieten. Auch einen berühmten Bürger: Heino, den blonden Barden. Auch ihm gefällt die Mischung von alter Tradition und Moderne. Begonnen hat alles im Jahre 830 mit dem Bau eines Klosters. Berühmt wurde Münstereifel damals, als die Reliquien von Chrysanthus und Daria aus Rom überführt und damit eine rege Wallfahrt ins Leben gerufen wurde. So zu einem Zentrum für Handel und Gewerbe aufgestiegen, bauten die Grafen von Jülich erstmals um 1300 eine Burg und befestigten die nun mit Stadtrechten versehene Metropole an der Erft. Das Rote Rathaus ist steinerner Zeuge eines über Jahrhunderte andauernden Wohlstandes, der aber immer wieder durch Überschwemmungen, Seuchen und Kriege unterbrochen wurde.

Foto: Kurverwaltung Bad Münstereifel

Das Rathaus in Bad Münstereifel.

Und was immer sich baulich in den vergangenen Jahrhunderten in Münstereifel geändert haben mag – die kleine Stadt mit ihren alten Häusern, ihrer fast vollständig erhalten gebliebenen und heute überwiegend restaurierten, wehrhaften Mauer, mit vier Stadttoren und 18 Mauertürmen, ist heute gerade wegen ihres mittelalterlichen Flairs beliebtes Ausflugsziel.

Da wird gehämmert und geklopft, geformt und gebogen, was die Muskeln hergeben. Alte Handwerkstechniken lassen sich in Bad Münstereifel hautnah miterleben. Gleich neben der Schmiede wird Zinn in eine Sandform gegossen. Zinnsoldaten werden hier auch hergestellt, aber die große Kunst des Meisters liegt im „Freihanddrehen". Gekonnt verformen sich dünne Metallplatten zu reliefreichen Trinkgefäßen oder bauchigen Kerzenhaltern. Ein Handwerk, das heute nur noch selten zu

Bad Münstereifel, Blick über den Markt.

sehen ist und was eben noch flüssig in der Sandform verschwand, entpuppt sich nach dem Erkalten als ein neues, originalgetreues Ziffernblatt. Wem handwerkliche Kunst gefällt, der findet in Bad Münstereifel so ziemlich alles, was das Sammlerherz begehrt.
Und noch ein traditioneller Anziehungspunkt: die Römische Glashütte. Auch hier kann man dem Meister nicht über die Schulter, sondern von vorn zuschauen, wie aus einem glühenden Glasball allmählich eine Vase entsteht.
Schlendern, Spazieren gehen, Kaffee trinken, wer mag, auch in Heino's Rathaus-Café einkehren – für viele übrigens der Höhepunkt einer Kaffeefahrt am Wochenende. Dabei hat das Städtchen noch viele andere ausgezeichnete Cafés, Kneipen und Restaurants zu bieten, die einen Tag im Eifelstädtchen auch zu einem Erlebnis werden lassen.
Seit 1967 erst nennt sich die Stadt „Bad" Münstereifel. Nicht nur der sauberen Eifelluft wegen, nein, hier hat sich aus einem Kneipp-Heilbad ein Zentrum für die moderne „Kneippness"-Bewegung entwickelt.
Da macht es sich gut, dass gleich im Ort, in der Werther Straße, die Zeit des Pfarrers Kneipp stehen geblieben ist: im Apotheken-Museum. Mit finanzieller Hilfe der Nordrhein-Westfalen-Stiftung konnte die 1806 gegründete und bis 1994 noch im Familienbetrieb geführte Schwanenapotheke wieder hergerichtet werden. Neben nostalgischen Gefühlen werden hier auch in besonderer Weise die Geruchsnerven angesprochen. Hier lässt sich fast alles errie-

Foto: Kurverwaltung Bad Münstereifel

Heisterbacher Straße mit Tor.

Foto: Theo Broere

Unterwegs auf der „Riechstraße“ im Apothekermuseum in Bad Münstereifel. Susanne Müller (links) und Helma Hachenberg lassen sich „betören“.

chen, was gesund ist und was die Schubladen des alten Apothekerschranks hergeben.
Von der „Riechstraße“ im Apotheken-Museum geht es nun nahtlos über zu einem seit über 20 Jahren in Bad Münstereifel von Brigitte Klemme angebotenem „Unkraut“-Seminar in freier Natur.
Die Körbe voll, die Mägen leer, geht es langsam zurück zur Waldhütte, wo sich das wilde „Grünzeug“, das die Gruppe den Vormittag über gesammelt hat, nun mit flinken Händen in ein köstliches Unkrautmenü mit sieben Gängen verwandelt.
Junge Kartoffeln mit gebackenen Brennnesselsamen, gedünstete Wiesenbärenklauknospen mit wildem Majoran, mit Wildkräuterpesto gefüllte Zucchinis oder aber Kichererbsen in Tomaten, garniert mit Malven und Mohnblättern.
Für den anschließenden Verdauungsspaziergang muss man nicht weit laufen. Bad Münstereifel ist eine der waldreichsten Gemeinden der Bundesrepublik. Die 100 Quadratkilometer große zusammenhängende Waldfläche ist schon ein besonderes Stück Natur am Eifelrand.
Und mitten drin, in einem Tal bei Effelsberg, steht ein Kontrastpunkt der außerirdischen Art: das weltgrößte, voll bewegliche Radioteleskop des Max-Planck-Instituts für Radioastronomie in Bonn. Allein die Schüssel hat einen Durchmesser von 100 Metern. Ausgestattet mit modernster Computertechnik forscht hier eine kleine Schar Elitewissenschaftler nach den Ursprüngen des Lebens. In einem eigenen Besucherzentrum werden nach vorheriger Anmeldung auch Vorträge gehalten – so lassen sich die Weiten des Universums anschaulich relativieren.

Wehrgang an der Burg.

Alles auf einen Blick:

Anreise:
Pkw: Autobahn A I, Abfahrt Bad Münstereifel / Mechernich, oder von Euskirchen über B 51 der Beschilderung nach Bad Münstereifel folgen.
Bahn: Von Bonn, Köln oder Aachen über Euskirchen nach Bad Münstereifel.

Allgemeine Informationen über Bad Münstereifel:
Kurverwaltung Bad Münstereifel
Langenhecke 2
53902 Bad Münstereifel
Tel: 0 22 53 / 50 51 82
www.bad-muenstereifel.de

Apotheken-Museum
Werther Straße 13-15
53902 Bad Münstereifel
Tel: 0 22 53 / 76 31

„Unkraut"-Seminar
www.un-kraut.de

Max-Planck-Institut für Radioastronomie
Radioobservatorium Effelsberg
53902 Bad Münstereifel
Sekretariat Öffentlichkeitsarbeit
(Frau Franzen)
Tel: 0 22 57 / 3 01-101
www.mpifr-bonn.mpg.de

Tourist-Information für die Eifel:
Eifel-Touristik Agentur
Postfach 1346
53897 Bad Münstereifel
Tel: 0 22 53 / 92 22 0
www.eifel-touristik.de

Radeln im Aachener Revier

Rund um Burgen und Schlösser

Der Kreis Aachen hat nicht nur ein flächendeckendes Radwegenetz, sondern sogar eine eigene „Aachener Burgenrunde". Der etwa 80 km lange Rundkurs durchs ehemalige Aachener Revier führt an 40 Burgen und Schlössern vorbei.

Hoch oben auf der Stolberger Burg beginnt die Fahrt durchs alte Aachener Revier. 800 Jahre Geschichte haben die Stadt am Vichtbach, die älteste Messingstadt der Welt, geprägt. Stolberg war nicht nur das Verarbeitungszentrum von Messing und Kupfer, hier wurden auch Gebrauchsgläser hergestellt.

Wohin man von der Burg auch schaut: auf die kundig restaurierte Altstadt, die verwinkelten Gassen oder schmalen Treppenpfade – in Stolberg und seinem Heimatmuseum lässt sich die industrielle Entwicklung der ganzen Region nachvollziehen. Das Museum hat nicht nur viele Exponate zusammen getragen, hier kann schon eine Tasse frisch gerösteten Kaffees den Beginn einer Radtour auf angenehme Weise verzögern. Schwarzer Stolberger Mokka – der Geruch, der sich sofort auf allen Etagen des Heimatmuseum breit macht, zieht einen unweigerlich in die Küche. Ein Tässchen Kaffee in aller Gemütsruhe verkostet und dann kann die Fahrt auf der ausgewiesenen Strecke durchs Aachener Revier endlich beginnen.

Foto: Johann Henn

Blick auf die Altstadt in Stolberg.

Zunächst geht es ein Stückchen bergauf und dann durch den Eschweiler Stadtwald. Hier ganz in der Nähe lebten einst die Killewitchen, zwergartige Geschöpfe, die den Menschen bei der Arbeit halfen, dann aber, ähnlich wie die Kölner Heinzelmännchen, spurlos im Nichts verschwanden.

Im morgendlichen Dunst tauchen auf dem Weg ins Indetal die Kühltürme des Braunkohle-Kraftwerks Weißweiler auf, die die Ebene beherrschen. Und das im wahrsten Sinne des Wortes – der Energiehunger lässt hier ganze Landschaften und Orte, ja selbst einen Teil der Inde

An der Stolberger Burg (mit Pfarrkirche St. Luzia) beginnt die Tour durch das alte Aachener Revier.

zukünftig verschwinden. Spätestens 2005 wird das alte Indebett zwischen Lamersdorf und Kirchberg dem sich ausbreitenden Braunkohle-Tagebau zum Opfer fallen. Die meisten Menschen aus den Ortsteilen Inden und Altdorf sind schon weggezogen.
Ein Haus nach dem anderen wird abgerissen. Eine ganze Landschaft wird unwiederbringlich leergeräumt, nichts wird bleiben. Während das Alte schwindet, entsteht in unmittelbarer Nachbarschaft Neues: Im neuen Ort Inden-Altdorf sollen sich die Umsiedler wohl fühlen. Die Kontraste könnten kaum größer sein und das wird diesen Streckenabschnitt nicht nur für Radler noch auf Jahre interessant machen, denn hier lassen sich die gewaltigen Veränderungen hautnah erfahren und mitverfolgen.
Schon laufen die Vorbereitungen für das neue Indebett auf Hochtouren. Die ersten Abschnitte sind bereits fertig gestellt. Fünf Kilometer begradigter Flusslauf werden ersetzt durch zwölf Kilometer Bachbett, in dem sich die Inde wieder frei bewegen kann. Was die Riesenbagger hier abgraben, wird auf der anderen Seite der über 100 Meter tiefen Grube wieder angeschüttet und zu einer neuen Landschaft geformt. Unaufhaltsam breitet sich der Braunkohle-Tagebau aus. Noch fällt es schwer zu glauben, dass aus dieser Mondlandschaft einmal ein ökologisch wertvoller Auenwald werden soll.
Besucher des Braunkohle-Tagebaus Inden aber werden diese Entwicklung mitverfolgen können. Mit dem Geländewagen geht es hinunter in eines der größten, von Menschenhand geschaffenen Löcher dieser Erde. Vor fünf bis sieben Millionen Jahren war die Landschaft hier von riesigen Sümpfen und mächtigen Mammutbäumen bedeckt. Was da-

Burg Wilhelmstein lockt auch die Radler an.

Foto: Dirk Holtermann

Burg Rode thront über dem Städtchen.

von übrig blieb – eine 40 Meter dicke Braunkohlenschicht – wird heute zur Stromgewinnung im nahen Kraftwerk verbrannt. Geschichte zum Anfassen: im Schatten eines riesigen Abraumbaggers zerfällt die faserige Struktur der Braunkohle unter dem Druck der Finger.

Nur wenige Kilometer entfernt machte sich vor einigen Jahren noch rund um den neuen Blaustein-See eine Mondlandschaft breit. Doch inzwischen entwickelt sich der alte Tagebau Zukunft-West zu einem immer beliebter werdenden Freizeitpark.

Da ist es ein Glück, dass ganz in der Nähe in Kinzweiler auf Burg Haus Kambach ein idyllisches Pausenplätzchen der Fahrt durchs Aachener Revier auch einen anderen Aspekt verleiht.

Bei Kaffee und Kuchen lassen sich nun die vom Kreis herausgegebenen Informationen auch genauer studieren. Über 40 Burgen und Schlösser liegen unmittelbar am Weg. Einige Burgen haben längst ihre Funktion verloren, werden als Ärztehaus genutzt wie in Dürwiß, oder als Altenheim wie in Aldenhoven und Setterich. Andere sind liebevoll gepflegt und hergerichtet, wie die Burg in Dürboslar. Die Kommende in Siesdorf dagegen scheint dem Untergang preisgegeben. Für die einst so wichtige Burg des Deutschen Ordens scheinen sich weder die Besitzer noch das Land Nordrhein-Westfalen zu interessieren. Auch Schloss Rimburg im Wurmtal sollte auf einer Rundfahrt durchs Aachener Revier nicht ausgelassen werden.

Schon die Römer nutzten beiderseits des idyllischen Flüsschens die an die Oberfläche tretende Steinkohle. Doch erst ab dem 14. Jahrhundert, und damit lange vor dem Ruhrgebiet, kann von einem systematischen Abbau gesprochen werden. Alles Vergangenheit! Heute zeugen fast nur noch die großen Abraumhalden vom schwarzen Glanz früherer Zeiten. 1992, kurz vor Weihnachten, starb auf Emil Mayrich das Aachener Revier. Aus der Halde der Grube Adolf in Merkstein wurde ein begehbarer Freizeitpark. Hier kann man

über die Wurm weit hinüber nach Holland schauen. Die über Jahrhunderte so wichtige Grenze hat ihre Bedeutung schon längst verloren.
Im niederländischen Landgraaf ist die Spitze der Abraumhalde bequem zu erreichen, der Weg hinunter dagegen gelegentlich mit Anstrengungen verbunden: Europas längste Kunstskipiste verleiht dem ehemaligen Zechengebiet einen Hauch alpiner Urlaubsfreuden. Der hier neu entstehende und Kerkrade miteinschließende Park Gravenrode wird sich mit seinen vielen Attraktionen sicherlich zu einem Besuchermagneten für die Euregio entwickeln. Die alten Bergarbeiterstädte setzen heute ganz auf Freizeit und Erholung. An den Dreck, an Kapitalismus und Ausbeutung im alten Steinkohlenrevier werden bald nur noch die Museen, wie das Industrion in Kerkrade, erinnern. Auch im Zinkhütter Hof in Stolberg lassen sich die Jahrhunderte der Industrialisierung nachvollziehen, bis der Strom aus der Steckdose kam. Eine ganze Epoche ist zu Ende – das Aachener Revier ist sauber geworden.
Im Bemühen, den Strukturwandel auch nach außen hin zu demonstrieren, sind glücklicherweise einige wichtige Zeugnisse erhalten geblieben oder werden dank des Engagements vieler ehemaliger Bergleute wieder hergestellt und ausgebaut. Ob im Glück-Auf-Museum in Aldenhoven oder in Alsdorf: Auf Anna II entsteht ein ganz besonderes Bergbaumuseum, das ein realistisches Bild der Arbeit unter und über Tage zeigen will.
Über Burg Rode und Burg Wilhelmstein – von letzterer hatte übrigens Graf Wilhelm 1278 von Jülich den vergeblichen Versuch gestartet, die Stadt Aachen einzunehmen – geht es zurück ins Wurmtal. Keine 15 Kilometer mehr sind es von hier aus entlang der Wurm – des landschaftlich wohl schönsten Teilstücks dieser Radtour – zurück über Würselen bis zum Bahnhof in Stolberg.

Alles auf einen Blick:

Anreise:
Pkw: Autobahn A4, Abfahrt Eschweiler, nach Stolberg der Beschilderung folgen (ca. 6km) – Bahn: Von Köln oder Aachen Bahnhof Stolberg

Informationen zur „Aachener Burgenrunde“:
Kreis Aachen
Radverkehrsbeauftragter Ralf Oswald
Kaiserstr. 50
52134 Herzogenrath-Kohlscheid
Tel: 0 24 07 / 57 08 49

Buchtipp: „Die Aachener Burgenrunde – Radeln zwischen Wurm und Inde“
www.wasserburgenroute.de

Allgemeine Tourist-Information (Hotels, Museen, etc):
Eifel-Touristik Agentur e.V.
Postfach 1346
53897 Bad Münstereifel
Tel: 0 22 53 / 92 22 0
wwv.eifel-touristik.de
Veranstaltungskalender im Internet:
www.wasislos.net

VVV Kerkrade
NL-6461 EH Kerkrade
Kapellaan 13a
Tel: 00 31 / 45 / 5 35 48 45
www.vvv.zuidlimburg.nl

Landesverkehrsverband Rheinland e. V.
Ottoplatz 2
50697 Köln
Tel: 02 21 / 8 09 76 67
www.rheinland-info.de

Gemeinde Aldenhoven
Dietrich Mülfarth Str. 11
52457 Aldenhoven
Tel: 0 24 64 / 5 86-0
www.aldenhoven.de

Bergbaumuseum „Glück Auf"
Dietrich Mühlfahrt-Str. 8a
52457 Aldenhoven
Tel: 0 24 64 / 90 52 95

Stadt Alsdorf
Hubertusstr. 17
52477 Alsdorf
Tel: 0 24 04 / 50-0
www.alsdorf.de

Stadt Baesweiler
Mariastr. 2
52499 Baesweiler
Tel: 0 24 01 / 8 00-0
www.baesweiler.de

Stadt Eschweiler
Rathausplatz 1
52249 Eschweiler
Tel: 0 24 03 / 71-0
www.eschweiler.de

Stadt Herzogenrath
Rathausplatz 1
52134 Herzogenrath
Tel: 0 24 06 / 83-0
www.herzogenrath.de

Gemeinde Inden
Rathausstr.1
52459 Inden
Tel: 0 24 65 / 39-0
www.gemeinde-inden.de

Stadt Stolberg
Rathausstr. 11–13
52222 Stolberg
Tel: 0 24 02 / 13-0
www.stolberg-rhld.de

Bergbaumuseum ANNA II
Herzogenrather Str. 101
52477 Alsdorf
Tel: 0 24 04 / 8 16 45

Heimatmuseum Stolberg
in der Burg Stolberg
Tel: 0 24 02 / 8 17 20

Zinkhütter Hof
Cockerillstr. 90
52222 Stolberg
Tel: 0 24 02 / 9 03 13-0
www.Zinkhuetterhof.de

Stadt Würselen
Morlaixplatz 1
52146 Würselen
Tel: 0 24 05 / 67-0
www.wuerselen.de

Gemeinde Kerkrade
Markt 1
NL-6460 AP Kerkrade
Tel: 00 31 / 45 / 5 67 67 67
www.kerkrade.nl

Industrion Kerkrade
Museumplein 2
NL-6460 AD Kerkrade
Tel: 00 31 / 45 / 5 45 27 00
www.industrion.nl

Bergisches Land

Seinen Namen verdankt das Bergische Land dem Grafen von Berg. Sanfte Hügel, feine Ortschaften und stolze Flüsse laden zum Verweilen ein. Erkunden Sie, wie **Im Land der Strunde** der fleißigste Bach Deutschlands auf einer Strecke von nur 20 Kilometern sage und schreibe 36 Mühlen in Bewegung hielt.

Rund um Marienheide zeigt sich das Oberbergische **Zwischen den Moosbergen** von seiner schönsten Seite. Die Lingesee-Talsperre lässt sich umwandern oder -radeln. Und zum Sommer im Homburger Ländchen á la **Federvieh und Bonte Kerke** gehört der wilde Westen, und der fängt hinter Nümbrecht an!

Wer sich lieber auf Schusters Rappen bewegt, kann beim **Langenberger Spaziergang** seine Sinne reizen: Die sehenswerte Langenberger Altstadt und der ungewöhnliche Wallfahrtsdom Neviges sind ein Muss.

Und die **Morsbacher Geschichten** weisen auf die recht eigenwilligen Bewohner des gleichnamigen Ortes hin. Legen Sie hier eine Rast ein.

Informationen:

Bergisches Land Touristik GmbH

Hauptstr. 47–51
51465 Bergisch Gladbach

Tel: 0 22 02 / 2 93 60

www.bergischgladbach.de

Im Land der Strunde

Wie ein emsiger Bach Wohlstand brachte

Einst war die Strunde der fleißigste Bach Deutschlands. Auf einer Strecke von nur 20 Kilometern hielt sie 36 Mühlen in Bewegung. Mit dem frommen Wunsch: „Sprudelt Segen bringende Quellen, die ihr speiset die fleißige Strunde“, trieben die Müller ihre Strunde zu Höchstleistungen an.

Die Strunde erblickt das Licht dieser Welt vier Kilometer nördlich von Bergisch Gladbach in Herrenstrunden. Das markanteste Gebäude dieser kleinen Ansiedlung ist die urige Malteser Komturei. 1684 erbaut war sie einer der Hauptsitze des Malteser Ordens und heute ist sie ein ordentliches Vier-Sterne-Hotel, Ausgangspunkt für kurze Wanderausflüge ins idyllische Strunde-Tal. 200 Meter von der Malteser Komturei entfernt, passiert die Strunde Burg Zweiffel, ein privat geführtes Kulturzentrum mit Lesungen und Ausstellungen. Gleich nebenan hat sich heute ein gemütliches Restaurant niedergelassen – Dröppelminna genannt – nach der typisch bergischen Kaffeekanne. Aber feine französische Bistro-Küche wird hier geboten und wem danach nicht der Sinn steht, der wird am Nachmittag mit frischen Bergischen Waffeln, süßen Kirschen und leckerer Eis-Creme verwöhnt.

Nur wenige hundert Meter weiter öffnet sich das liebliche Tal der Strunde. Und von der Hauptstraße aus ist Gut Schiff zu sehen. Wer Herzhaftes liebt, ist hier richtig, denn der Bauernhof verkauft Hausgemachtes, vor allem eigene Wurstwaren.

Die Strunde ist heute ein sauberes Bächlein, keine Spur mehr von den schmutzigen Abwässern der Pulver-, Tuch- oder Papiermühlen. Als Papiermacher Anfang des 19. Jahrhun-

Foto: Peter Mattes

Die Igeler Mühle im Frühling.

Foto: Rheinisches Industriemuseum / J. Hoffmann, A. Schiblon

Papiermühle „Alte Dombach“ mit Blick auf die Wohnhäuser, in denen die Papiermacher einst lebten.

derts Chlor als Bleichmittel einsetzten, ging es mit der Wasserqualität endgültig bergab. 1860 hatte für lange Zeit die letzte Stunde für die Fische in der Strunde geschlagen. Zwei Kilometer nördlich von Bergisch Gladbach plätschert die Strunde an der Alten Dombach vorbei, einer bereits 1614 erbauten Papiermühle. 200 Jahre später setzte hier der Papierfabrikant Müller eine Papiermaschine in Gang – das erste Mal in Deutschland. Heute ist die Alte Dombach das größte deutsche Spezialmuseum zum Thema Papier und dokumentiert die Geschichte der Papierherstellung bis in unsere Gegenwart.

Natürlich beginnt alles mit dem Wasserrad. Das treibt das Lumpenstampfwerk an, in dem die zerschnittenen Stofffetzen zu einem Faserbrei verarbeitet werden. Was damit weiter passiert erklärt der Museumsführer so: „Der gemahlene Zellstoff wird in einer Bütte mit sehr viel Wasser aufgelöst. Mit einem Schöpfsieb wird Papier geschöpft.“ So einfach ist das und aufs Schöpfsieb aufgenähte Drähte ergeben später das Wasserzeichen.

„Denn“, so lässt sich der kundige Museumsführer weiter vernehmen, „dort, wo die Drähte sind, wird später das Papier dünner erscheinen.“ Anschließend muss das Stück Papier nur noch vom Sieb herunter. In der Fachsprache heißt das: „Es wird vom Sieb abgegautscht, anschließend gepresst und dann getrocknet und schon ist das Papier fertig.“

Das Prinzip ist 2000 Jahre alt und funktioniert auch maschinell nicht anders.

Teil des Papiermuseums „Alte Dombach“ ist auch die PM 4, mit der bis 1991 Feinpapiere bei der Firma Zanders hergestellt wurden. Eine Galerie zeigt jene Männer, die das 39 Meter lange, stählerne Ungetüm in den letzten 100 Jahren in Schach hielten. An der PM 4 wurde auch das Papier für die Geldscheine des persischen Schahs hergestellt.

Übrigens: Das Rheinische Industriemuseum des Landschaftsverbandes Rheinland bietet neben seiner Papiermühle in Bergisch Gladbach fünf weitere, faszinierende Museumserlebnisse in historischen Fabriken in Oberhausen, Ratingen, Solingen, Engelskirchen und Euskirchen.

Bergisch Gladbach gehört neben der Eifel-Region um Düren zu den ältesten und heute noch bedeutenden

Foto: Rheinisches Industriemuseum / J. Hoffmann, A. Schiblon

Ein Papiermacher an der Schöpfbütte.

Zentren der Papierproduktion in Nordrhein-Westfalen. Für den Gast ist das prima. Im Museumsshop gibt man sich jede erdenkliche Mühe, anspruchsvolle Papierprodukte an den Besucher zu bringen.

Wer auf der Terrasse des Schlosshotels Lerbach oberhalb des gepflegten, großzügigen Parks sitzt, bekommt ein Gefühl für vornehmes Leben. Für die stilvolle Kaffeepause in gediegenem Ambiente bietet sich das Schlosshotel an, aber auch für Entspannung von Leib und Seele in der exklusiv ausgestatteten Schönheitsfarm. Und für das gute Gefühl im Magen ist einer der besten Köche Deutschlands zuständig: der Drei-Sterne-Koch Dieter Müller. Um in der Küche helfen zu dürfen, müssen Interessierte allerdings etliche Hundertmarkscheine mitbringen, sie sind dann aber Teilnehmer eines ausgewählten Kochkurses. Als Gegenleistung gibt es Tipps vom Meisterkoch. Außerdem wird gegessen, was die Teilnehmer anrichten. Selbstverständlich isst das Auge mit und gerade deshalb ist für die feine Küche besonders viel Fingerspitzengefühl notwendig. Für Starkoch Dieter Müller sind die Kochkurse stets eine Selbstbetätigung: „Es heißt ja immer, ein guter Chef delegiert mehr, als er selber kocht. Aber ich verbinde schon beides. Es macht mir Spaß!“ Die Kunst des Meisterkochs ist so bekannt, dass für ein Wochenend-Dinner wochenlang im Voraus reserviert werden muss.

Noch eine Schlosskulisse, noch großzügiger und nur knapp vier Kilometer entfernt: Schloss Bensberg wurde jüngst für ca. 150 Millionen Mark renoviert und das noble, blendendweiße Prachtwerk ist eine Fünf-Sterne-Plus-Unterkunft. Ausgerechnet der Erbauer dieses stolzen Schlosses hatte gar nichts von seinem Besitz. Kurfürst Jan Wellem starb vor der Fertigstellung Anfang des 18. Jahrhunderts und konnte so den herrlichen Blick auf Schloss und die Kölner Rheinebene nicht mehr genießen.

Die wechselhafte und wenig herrschaftliche Vergangenheit des Schlosses kann man im benachbarten Bergischen Museum nachlesen. Hier ist auch dokumentiert, dass Wald- und Wasserreichtum des Bergischen Landes nicht nur den Papier-

Foto: Rheinisches Industriemuseum / J. Hoffmann, A. Schiblon

Werbung und Papier – ein unzertrennliches Paar.

Foto: Peter Mattes

Schloss Bensberg wurde nach Versailler Vorbild erbaut – von 1705 bis 1711.

machern, sondern auch den Gerbern ideale Arbeitsbedingungen boten. 1978 wurde die letzte Gerberei stillgelegt, fabriziert werden z. B. Lederkoffer inzwischen viel preisgünstiger in Billiglohn-Ländern. Das kleine Freilichtmuseum mit 12 historischen Gebäuden liegt im Zentrum von Bensberg, nur ein paar Schritte von der Fußgängerzone entfernt.
Die Strunde durchquert fast ganz Bergisch Gladbach unterirdisch, als müsse sie sich verstecken. Nur ein einziges Mal erblickt sie das Tageslicht – im Garten der Villa Zanders, mitten in der Stadt. Die Villa ist heute Städtische Galerie. Bereits mit der Fertigstellung 1874 war das Wohnhaus der kulturelle Mittelpunkt von Bergisch Gladbach. Die Stadt wurde maßgeblich von der Papiermacherfamilie Zanders geprägt, allen voran von der sozial engagierten Maria Zanders, die ihr

Foto: Stiftung Zanders

Papiermaschine der Papierfabrik Zanders. 1992 erbaut, erreicht die Maschine eine Produktionsgeschwindigkeit von 1300 Metern pro Minute.

Haus für viele Künstler öffnete – so wie heute, wenn neben den jungen auch namhafte Künstler wie z. B. Arman in Auststellungen ihre Werke aus Papier präsentieren.
Friedlich taucht die Strunde am Rande des Zentrums von Bergisch Gladbach wieder auf. Kein Papierhersteller, kein Müller geht ihr mehr ans Wasser. In aller Ruhe fließt sie 20 Kilometer weiter bei Köln-Mülheim in den Rhein. Hier endet die Geschichte der fleißigen Strunde. Die heute sauber, aber arbeitslos ist.

Alles auf einen Blick:

Informationen:
Bergisches Land Touristik
Verkehrsamt / Hauptstr. 47–51
51469 Bergisch Gladbach
Tel: 0 22 02 / 2 93 60
www.bergischgladbach.de
Prospekte, Vermittlung von geführten Touren, Spezial- und Themenführungen (zwei Stunden, ca. DM 80,– z. B. Gladbach als Papierstadt).

Rheinisches Industriemuseum Alte Dombach
51465 Bergisch Gladbach
Tel: 0 22 02 / 93 6 68- 0
Öffnungszeiten:
täglich außer Mo 10.00–17.00 Uhr.
Eintritt: ca. 6 Mark.
Museumsladen
Tel: 0 22 02 / 93 668-23

Papiermuseum Alte Dombach / Souvenir-Geschäft
Große Auswahl an Papierwaren (auch handgeschöpftes Papier etc.). Hier erhalten Sie die übersichtliche Broschüre „Wanderwege rund um die Alte Dombach“.

Café Alte Dombach
(kleiner Mittagstisch und leckere Kuchenauswahl)
Tel: 0 22 02 / 93 668-28
Anreise: A 4, Ausfahrt Bergisch Gladbach (Gesamtverkehr/Zentrum, dann der Ausschilderung folgen).
ÖPNV: Mit der S 11 nach Bergisch Gladbach, vom Bahnhof mit dem Bus 426 (oder ca. 30 Minuten zu Fuß Richtung Herrenstrunden)

Bergisches Museum (für Bergbau, Handwerk und Gewerbe)
Burggraben 9-21
Bensberg
Tel: 0 22 04 / 5 55 59
Öffnungszeiten:
täglich 10.00–17.00 Uhr
Montags geschlossen
Handwerkliche Vorführungen zu unterschiedlichen Zeiten (bitte anfragen).

Stiftung Zanders im Kulturhaus der Zanders Feinpapiere AG
Hauptstr. 267
51465 Bergisch Gladbach
Tel: 0 22 02 / 15-20 60
Öffnungszeiten nach tel. Vereinbarung.
Wechselnde Ausstellungen mit Objekten des Altenberger Dom-Vereins e.V. der sich für die Erhaltung und Ausschmückung der Kirche engagiert.
Tel: 0 22 02 / 300 08
Öffnungszeiten:
Di/Do 15.00–18.00 Uhr,
Sonntag 11.00–15.00 Uhr

Städtische Galerie Villa Zanders
Konrad-Adenauer-Platz 8
51465 Bergisch Gladbach
Tel: 0 22 02 / 14 23 34

Öffnungszeiten:
täglich außer Mo 11.00–17.00 Uhr,
Do 11.00–19.30 Uhr.
Die Galerie befindet sich im Herzen von Bergisch Gladbach, nur wenige hundert Meter vom Werk der Feinpapiere Zanders entfernt.
Wechselnde Ausstellungen.
Do von 16.00 bis 19.00 Uhr:
Artothek – Kunst auf Zeit. Original-Drucke von bekannten Künstlern können für zwei Monate gegen eine geringe Gebühr (ca. 5 Mark) ausgeliehen werden, inklusive Rahmen.
Telefon während der Ausleihzeiten:
0 22 02 / 14 23 39.

Kunst und Kultur Burg Zweiffel e. V.
Herrenstrunden 1
51465 Bergisch Gladbach
Tel. 0 22 02 / 93 22 50

Übernachten in der Region

Schlosshotel Lerbach
Lerbacher Weg
51465 Bergisch Gladbach
Tel: 0 22 02 / 20 40
www.schlosshotel-lerbach.com
Zimmer ab 380 Mark
inkl. Gourmet-Frühstück
(54 Zimmer inkl. 7 Suiten).

Grandhotel Schloss Bensberg
Kadettenstr
51429 Bergisch Gladbach
Tel: 0 22 04 / 4 20

Malteser Komturei
Herrenstrunden 23
51465 Bergisch Gladbach
Tel: 0 22 02 / 2 94 80

Restaurants in der Region

Restaurant Dieter Müller (im Schlosshotel Lerbach)
3-Sterne-Koch, Tischreservierungen ca. vier Wochen im Voraus.
Hauptgericht ca. DM 60,– bis 70,–,
Vorspeisen DM 40,– bis 50,–.
Großes Menü (6 Gänge) für DM 229,–.
Weine ab DM 50,–. Mittagstisch (ohne langfristige Reservierung) für DM 100,– pro Person inklusive Wein.
Verschiedene Kochkurse
(„Dieter Müller live").

Restaurant Dröppelminna
Herrenstrunden 3
Tel: 0 22 02 / 3 25 28
Öffnungszeiten:
täglich außer Mo ab 15.00 Uhr
(z. B. Bergische Waffeln),
Sonntag auch Mittagessen.
Hauptgericht ca. DM 30,– bis 40,–.
Sehr gemütliches Ambiente.
Landhaus-Bistro-Küche.

Einkaufen in Bergisch Gladbach und Bensberg
Gut Schiff
Tel: 0 22 02 / 3 21 20
Hausgemachte Wurstwaren,
direkt vom Bauernhof
Öffnungszeiten: Di–Fr 9.00–12.00 Uhr,
und 15.00–18.00 Uhr,
Sa 9.00–14.00 Uhr.

Landschaftsverband Rheinland
(Rheinisches Industriemuseum)
Hansastr. 18
46049 Oberhausen
Tel: 02 08 / 8 57 90
Allgemeine Informationen zu den sechs Industriemuseen in Nordrhein-Westfalen (eines davon ist die Papiermühle Alte Dombach).

Zwischen den Moosbergen

500 Meter über dem Bergischen Land

Rund um Marienheide zeigt sich das Oberbergische von seiner schönsten Seite. Gut 500 Meter hoch sind die höchsten Erhebungen der Gemeinde und es gibt eine Menge zu entdecken zwischen den Moosbergen. Ideale Bedingungen also für ein abwechslungsreiches Wochenende. Zu den landschaftlichen Reizen gehören auch zwei kleine Talsperren. Eine von ihnen ist die Lingesee, die sich bequem umwandern oder – radeln lässt.

Radeln oder Wandern rund um den Lingesee sind zwei Alternativen, die immer möglich sind. Angeln kann man allerdings nicht überall. Die Uferlandschaft am anderen Ende des Sees ist ein Schutzgebiet für Wasservögel. Haubentaucher und Blesshühner suchen hier ungestört nach Nahrung. Einer der vielen Aussichtspunkte über die hügelige Landschaft ist der hölzerne Ellbergturm in Marienheide.

Was hier kaum erkennbar sprudelt, ist eine der 37 Wupperquellen. Ein sichtbares Bächlein ist sie erst unterhalb des Moores, vor der Gaststätte „Wupperquelle". Heute wie damals zog es Menschen ins Oberbergische, allerdings suchten sie Arbeit – und fanden ein Auskommen in den hiesigen Steinbrüchen. Schon vor hundert Jahren, zur Blütezeit der Steinindustrie, wurde hier die Grauwacke geschlagen. Heute sind nur noch wenige Steinbrüche in Betrieb, denn Pflastersteine aus Grauwacke werden kaum noch gebraucht. Die staubige Arbeit im

Foto: Gemeinde Marienheide

Brucher Talsperre – ein beliebtes Erholungsgebiet.

Foto: Gemeinde Marienheide

Der Heilteich im Kurpark Marienheide wird immer einmal im Jahr zum Festmittelpunkt. Ansonsten ist es hier beschaulich.

Freien war einst beliebter als die in der Fabrik. Stößer und Kipper waren angesehene Berufe, und die Fuhrmänner hatten letztlich sogar Auswirkungen auf die Gastronomie. Warum, das kann man im „Haus der Geschichten“ in Müllenbach erfahren. Im Klönzimmer erzählt Lutz Kliche so manch alte Geschichte. Früher war im „Haus der Geschichten“ ein Laden zu finden, der die Leute mit dem Nötigsten versorgte. Ihre kostbaren Erinnerungsstücke aus dieser Zeit haben die Müllenbacher gesammelt und wieder hierher zurückgebracht. Wie die alte Arztpraxis, wo es beinahe scheint, als habe da eben noch ein Patient gesessen.

Im Kurpark wird jedes Jahr das Heilteichfest gefeiert. Während der restlichen Zeit ist er eher ein beschauliches Fleckchen in Marienheide, dessen Geschichte bis ins 15. Jahrhundert zurückgeht. „Auf der Heyde“ hieß die erste Ansiedlung. Dort lebte der fromme Heinrich, ein Einsiedler, der im Besitz eines wundertätigen Marienbildes war. Nach diesem Bild erhielt Marienheide seinen Namen. Heinrich baute für die Pilger eine Kapelle, die der Grundstein für die heutige Kloster- und Wallfahrtskirche wurde. Mehrmals wurden Kloster und Kirche von schweren Bränden heimgesucht, doch immer wieder aufgebaut. Wie zum Schutz wacht gegenüber dem barocken Hauptaltar der heilige Christophorus und von den Rundpfeilern im Chorraum blicken merkwürdige Masken herunter.

Neben den landschaftlichen Reizen wird in Marienheide auch Feinschmeckern etwas geboten, zum Beispiel im Landhaus Wirth. Die Chefin des Familienunternehmens lässt es sich nicht nehmen, einen Teil der Waren selbst einzukaufen. Alles muss frisch sein für die verwöhnte Kundschaft, die die spezielle Mischung aus regionaler Küche und nobler Extravaganz schätzt. An die Küche grenzt ein üppiger Kräutergarten, indem fast alles zu finden ist, was den Speisen das gewisse Etwas verleiht. Zu den Höhepunkten des Hauses zählen übrigens die Weindegustationen, die mit einem Gourmet-Essen kombiniert werden.

Bodenständiger ist das älteste oberbergische Bauernhaus: das Haus Dahl. Es ist über 400 Jahre alt und eines der wenigen erhaltenen sächsi-

Foto: Gemeinde Marienheide

Haus Dahl in voller Pracht, ein alter Bauerngarten gehört auch dazu.

schen Hallenhäuser im Bergischen Land. Als sei er noch bewirtschaftet, so wird der alte Bauerngarten mit seinen typischen Buchsbaumhecken gepflegt. Kommt man durch das Tor in die Halle, steht man in der Fettdiele, der Visitenkarte eines Längsdielenhauses. In einem Rauchhaus ohne Kamin wurde man früher durch den Geruch des Herdfeuers begrüßt. Hinter der Feuerstelle war eine Steinwand, die auch den anschließenden Wohnraum beheizte. Hier befand sich die Schlafkammer für die Eltern. Ansonsten wurde die gute Stube nur an den Feiertagen benutzt. Ganz anders als nebenan die Webstube.

Doch hinaus an die frische Luft und eine herzliche Einladung an Profis und solche, die es werden wollen: Ein überschaubares Ausbildungsgewässer für die Freunde des Segelsports ist die Brucher Talsperre. Gleich zwei Segelschulen haben sich an ihrem Ufer niedergelassen. Und die Segel- und Kanugemeinschaft hat ihren Mitgliedern einiges zu bieten, nicht nur die regelmäßig stattfindenden Führerscheinkurse. Ihren Spaß haben auch die Kleinsten, vor allem, wenn der Papa auf der Kommandobrücke steht.

Wer lieber an Land bleibt, gönnt sich eine Pause im Schlosshotel Gimborn. Von hier aus starten zahlreiche Wanderungen, darunter auch eine kleine Runde um die alte Schlossanlage. Ursprünglich soll Schloss Gimborn eine Wasserburg gewesen sein. Reste eines alten Grabensystems und eine Quelle unter dem mittelalterlichen

Foto: Gemeinde Marienheide

Schloss Gimborn soll früher einmal eine alte Wasserburg gewesen sein – heute informiert und bildet sich hier die Polizei fort.

Hauptturm deuten darauf hin. Leider kann man das Schloss nur von außen besichtigen, denn die Polizei hat hier ihr Informations- und Bildungszentrum.

Information und Bildung ganz anderer Art für den wissbegierigen Zeitgenossen gibt es im Ortsteil Scharde, auf dem Schäferhof von Karla und Sebastian Schäfer. In 10 Jahren haben sie aus ihrem einstigen Hobby eine Vollerwerbslandwirtschaft gemacht. Kein leichter Job bei 130 Schafen, die täglich gefüttert und gemolken werden müssen. Produkte aus Schafsmilch sind nicht nur was für Feinschmecker. Zunehmend zählen auch Allergiker, die keine Kuhmilch mehr vertragen, zur Kundschaft der Schäfers. In der eigenen Hofkäserei wird die Milch weiterverarbeitet zu Jogurt, Frischkäse und Feta. Die langwierigste Produktions- und Reifezeit benötigt der eigene Schnittkäse. Aber das schmeckt man dann auch!

Foto: Schäfer

Schnuckelige Schäfchen – auf dem Schäferhof in Marienheide-Scharde.

Alles auf einen Blick:

Müllenbacher Haus der Geschichten
Graf-Albertstr. 40
51709 Marienheide-Müllenbach
Tel: Börseke 0 22 64 / 15 67
Öffnungszeiten:
Jeden Sonntag von
15.00–19.00 Uhr,
Eintritt frei

Haus Dahl
Ältestes Bauernhaus im
Oberbergischen
51709 Marienheide-Dahl
Öffnungszeiten:
Di 9.00–12.00 Uhr,
So 15.00–18.00 Uhr

Hotel Landhaus Wirth/Restaurant „Im Krug“
Friesenstr. 8
51709 Marienheide-Rodt
Tel: 0 22 64 / 2 70

Milchschafbetrieb „Schäferhof“
Sebastian und Karla Schäfer
Rehbergstr. 63
51709 Marienheide-Scharde
Tel: 0 22 64 / 15 85
Öffnungszeiten Hofladen:
Fr 9.00–12.30 Uhr
und 14.00–16.30 Uhr
Sa 9.00–12.30 Uhr

Gaststätte Wupperquelle
Zur Wupperquelle 36
51709 Marienheide-Börlinghausen
Tel: 0 23 54 / 20 75
Mittwoch Ruhetag

Segel- und Kanugemeinschaft e. V.
Bruchertalsperre
Feldstr. 8
51709 Marienheide
Tel: 0 22 61 / 92 15 71

Federvieh und Bonte Kerke

Sommer im Homburger Ländchen

Sommer im Homburger Ländchen. Ein ideales Ausflugsziel für Tagestouren oder ein langes Wochenende ist diese schöne Landschaft, in der reizvolle Rundwanderwege zum Erholen einladen.

Der ehemalige Grafensitz derer von Sayn-Wittgenstein beherbergt nicht nur ein kulturgeschichtliches Museum, sondern dient auch als politischer Treffpunkt.

Besondere Aufmerksamkeit gebührt allerdings der neuen naturkundlichen Sammlung. Nicht nur die heimische Tierwelt ist hier in ihren Lebensräumen dargestellt, auch das Modell eines alten Hammerwerkes kann man bewundern, von denen es an den oberbergischen Flüssen und Bächen viele gegeben hat.

Am Hexenweiher unterhalb des Schlosses gruselte es die alten Leute noch in ihrer Kindheit. Denn sie wussten, was eine Hexenschwemme war. Denn in dieses Gewässer wurden angebliche Hexen, an Händen und Füßen gefesselt, hineingeworfen. Gingen sie unter, galten sie als unschuldig. Meist hieß es aber: „Sie sind artig geschwommen." Das bedeutete allerdings, dass die Frauen der Hexerei schuldig waren und entsprechend bestraft wurden.

Wer heute einen Ausflug ins Homburger Ländchen macht, sollte den Hexenweiher links liegen lassen und sich Zeit für Nümbrecht nehmen. Der restaurierte Ortskern entlang der Hauptstraße ist ganz im bergischen Schiefer gehalten. Für das leibliche Wohl ist hier bestens gesorgt. Nahezu jeder Geschmack findet die geeignete Gaststätte. Das älteste Café im Ort, das Café Ley, bietet seinen Gästen sogar eine fantastische Reise an die Meeresküste, allerdings in Form von Marzipan.

Gleich gegenüber, am Marktplatz, in Olivers Gasthaus wird es feierlicher. Grund zum Feiern haben auf jeden Fall die Besitzer, denn für ihre Kochkunst wurden sie jüngst mit dem begehrten Stern des Guide Michelin ausgezeichnet. In der Küche bereitet Oliver Berfelz beispielsweise solche Leckereien wie Ochsenfilet mit Törtchen aus Schalotten und Spinat zu. Frische Kräuter haben einen festen Platz in seiner Küche und wenn er Zeit findet, sammelt er sie sogar selber. Da scheut er keine Mühe.

Wer Lust hat, kann in Olivers Gasthaus auch über Nacht bleiben. Die Zimmer sind individuell eingerichtet, und selbst hier ist die Vorliebe fürs Mediterrane zu spüren.

Nicht jeder, der durch Nümbrecht schlendert, ist ein Feriengast. Die Rhein-Sieg-Klinik liegt in unmittelbarer Nähe des Kurparks und ihr Schwerpunkt ist die Orthopädie. Bewegtes Abnehmen heißt eines der Zauberworte bei „Fit Concept". Ein Wochenende von Freitag bis Sonntag reicht aus, um sich hier einen ganz persönlichen Fitnessplan erstellen zu lassen. Am „total body trainer" erklärt Dietmar Herhaus seinen Kunden etwa, wie sich Herzfrequenz, Pulsschlag und Kalorienverbrauch direkt kontrollieren lassen. Schwitzen müssen sie dann schon selber. Nicht alles ist schweißtreibend. Die Massage auf dem Wasserbett ist mit bloßem Auge kaum zu erkennen, aber umso wohltuender für den, der sie bekommt. Zur Erfrischung kann man ozonhaltige Luft inhalieren oder sich mit der „brain light-Brille" in einen Zustand absoluter Entspannung bringen.

Für die Freunde des Reitsports ist das Homburger Ländchen ideal. Und auch den Vierbeinern scheints zu gefallen. In der hügeligen Landschaft des Oberbergischen mit ihren großen Weideflächen finden Ross und Reiter genügend Auslauf. Kein Wunder, dass hier in der Umgebung fast tausend Pferde stehen. Sie verteilen sich auf zahlreiche Reiterhöfe. Einer der größten ist das Gestüt von Lutz Leckebusch in Geringhausen. Hier geht es seit 1984 vor allem um eines: um Westernreiten. Ob Aufzucht, Ausbildung oder Verkauf – bei Leckebusch werden Westernfans süchtig und fündig. Übrigens, nicht nur die tollen Turniere sind bei den Gästen beliebt, auch die anschließenden Parties stehen hoch im Kurs.

Foto: Wolfgang Grümer

Modell eines alten Hammerwerkes.

Ein Abstecher nach Marienberghausen sollte im Ausflugsprogramm nicht fehlen. Der Ort hat zweimal Gold gewonnen im Bundeswettbewerb um das schönste Dorf, und noch immer sieht es so aus, als erwarte man am nächsten Tag die Preisrichter. Die Kirche ist ein spezieller Anziehungspunkt. Sie ist eine „bonte Kerke", wie die fünf bunten

Foto: Wolfgang Grümer

Schloss Homburg ist heute ein Museum.

Foto: Gestüt Leckebusch / PRL

Im Gestüt Leckebusch in Geringhausen bei Nümbrecht können Pferdebegeisterte auch das Westernreiten lernen. Hier sieht man strahlende Gesichter bei der Siegerehrung während der Sommershow.

Kirchen im oberbergischen Dialekt genannt werden. Und das bedeutet, das sich im Inneren Wandgemälde befinden, die in aller Pracht biblische Szenen zeigen. Was man während der Reformation schamhaft übertünchte, ist anlässlich einer Renovierung wieder ans Tageslicht gekommen.

Wem es hier allzu beschaulich ist, der sollte nach Waldbröl fahren. Jeden zweiten Donnerstag findet in der Altstadt ein Vieh- und Krammarkt statt. Und es gibt nichts, was es hier nicht zu kaufen gibt. Hahn im Korb sind hier vor allem die Kinder. Zu ihrem großen Vergnügen ist anfassen

Foto: Ökodorf Benroth

Ökodorf Benroth – durchaus ein lohnender Abstecher beim Reisen durchs Homburger Ländchen.

überall erlaubt, jedenfalls bei allen Viechern, die stillhalten.

Ein paar Holzschuhe würden auch nach Benroth passen. Was auf den ersten Blick idyllisch gestrig wirkt, ist das Ergebnis jahrelanger Arbeit. Früher war dies ein ganz normales Dorf, in dem jeder für sich lebte. Doch dann sind die Benrother zusammengerückt und haben Benroth nach ökologischen Ideen umgestaltet. Wer wissen will, wie man so was anstellt, dem geben sie ihre Erfahrungen gern weiter. Noch sind die Benrother nicht am Ziel ihres ökologischen Zukunftsdorftraums. Es gibt viel zu tun, vor allem im Bereich der alternativen Energien. Auch ein paar vierbeinige Tiere könnten sich noch zum Federvieh gesellen. Aber schon jetzt ist Benroth ein lohnender Abstecher auf der Reise durchs Homburger Ländchen.

Alles auf einen Blick:

Schloss Homburg
Museum des oberbergischen Kreises
Tel: 0 22 93 / 9 10 10
Öffnungszeiten:
1. April bis 31. Oktober
Di–Sa 10.00–17.00 Uhr,
So und feiertags 10.00–18.00 Uhr,
Mo geschlossen.

Kur- und Gäste-Information
Lindchenweg 1
51588 Nümbrecht
Tel: 0 22 93 / 5 18
E-Mail: info@nuembrecht-online.de

Olivers Gasthaus
Hauptstr. 52
51588 Nümbrecht
Tel: 0 22 93 / 9 11 10

Rhein-Sieg-Klinik Nümbrecht
Orthopädische und neurologische Rehabilitation
Höhenstraße 30
51588 Nümbrecht
Tel: 0 22 93 / 9 20-0
www.dbkg.de

Gestüt Leckebusch
Geringhauser Mühle,
51588 Nümbrecht
Tel: 0 22 93 / 13 35
www.leckebusch.com

Nutzvieh- und Schweinemarkt Waldbröl
Kontakt: Herr Härting
Tel: 0 22 91 / 8 51 96
E-Mail: viehmarkt@waldbroel.de

Ökologisches Dorf Benroth
Petra Beyer
Vorstandsvorsitzende
Vorländerweg 6
51588 Nümbrecht
Tel: 0 22 95 / 30 02 00
E-Mail: beyer-bande@t-online.de

Adalbert Schöpe
Vorsitzender des Ausschusses „Dorf und Natur“
Benrotherstr. 24
51588 Nümbrecht
Tel: 0 22 95 / 62 68
www.benroth.de

Fit Concept
Gesellschaft für Gesundheit, Training und Sport mbh
Lindchenweg 15
51588 Nümbrecht
Tel: 0 22 93 / 90 36 46

Langenberger Spaziergang

Reizen Sie Ihre Sinne!

Sender Langenberg. Dem Radiohörer klingt der Name wohlvertraut, doch kaum einer kennt den Ort Langenberg. Im Norden des Niederbergischen Landes gelegen ist es von Langenberg, das zur Stadt Velbert gehört, nicht weit zu den Metropolen Essen, Wuppertal und Düsseldorf. Doch von einem Großstadtsatelliten ist hier nichts zu spüren. Vielmehr dominiert die Hinterlassenschaft des Seidenfabrikanten Adalbert Colsmann das Stadtgefüge.

Fabrikant Colsmann hinterließ ein Natursteinhaus in trutzig-englischer Burgoptik und das sollte dem kulturellen Leben in Langenberg ein honoriges Zuhause geben. Bereits 1913 entstand das Bürgerhaus, gestiftet von Adalbert und Sophie Colsmann, gewidmet den Bürgern der Stadt, bietet es noch heute Theater, Konzerte und Kulturelles zur „edlen Erholung". Die Altstadt Langenbergs dient demselben Zweck, ist sie doch eine der schönsten im Lande. Man will es kaum glauben, dass sie in den 70er Jahren komplett abgerissen und zu einer gesichtslosen Einkaufscity umgemodelt werden sollte. Zum Glück war das Gemeindesäckel leer, und die Pläne verstaubten in den Schubladen.

Langenberg setzt auf Kultur und Kunst. Aus dem alten Bahnhof wurde das „Kunsthaus Langenberg" und hier treffen sich Besuchergruppen zu einem außergewöhnlichen Stadtrundgang. „Reiz der Sinne" heißt das

Foto: Stadt Velbert

Auf dem Herdtberg in Langenberg stehen die WDR-Senderanlagen und sorgen in schöner Landschaft für guten Empfang.

Foto: Stadt Velbert

Sehenswert ist die Langenberger Altstadt, hier die Hellerstraße.

Programm, das mehrmals im Sommer angeboten wird. Auf dem Weg durch den historischen Stadtkern gibt es einige Überraschungen und Gästeführerin Ingeborg Morcher hat kuriose Geschichten in ihrem Repertoire. Die Langenberger, so erzählt sie, mussten sich früher ihren Sitzplatz in der Kirche mit Geld erkaufen. Dafür wurde der eigene Name in die Kirchenbank eingeritzt.

Das Geld wird in Langenberg ohnehin gut angelegt: Mit der „Sinfonietta Concertante" leistet sich Langenberg ein eigenes Streichorchester und um Langenberg auch als Bücherstadt zu etablieren, lockt man seit einigen Jahren Antiquare an. Hans-Joachim Dreews war der erste, der es gewagt und sein Geschäft in der Altstadt eröffnet hat. Das Konzept der Bücherstadt stammt aus England. In den sechziger Jahren war die kleine englische Stadt Hay-on-Wye dem Untergang geweiht, bis die Idee des Bücherdorfs geboren war.

Nach einem kleinen kulinarischen Intermezzo für die Besucher lockt Ingeborg Morcher weiter durch die hügeligen Altstadtgassen. Ein Besuch im Künstleratelier steht nun auf dem Programm. Und Robert Raschke

Foto: Stadt Velbert / G. Liedtke

Jedes Jahr pilgern Zehntausende zum Wallfahrtsdom Neviges.

Delbach und Hardenberger Bach fließen hier zusammen.

wird den interessierten Gästen erklären, was es mit seinen seltsamen Figuren auf sich hat. In Raschkes Atelier kann übrigens jeder vorbeischauen. Er liebt den Kontakt und stellt sich gerne allen Fragen.

113 Flügel ruhen auf dem alten Friedhof, der zum Skulpturenpark umgestaltet werden soll. Die angrenzende Neue Evangelische Kirche – ebenso wie der Friedhof seit über 20 Jahren säkularisiert – ist inzwischen Zentrum der schönen Künste und der Gaumenfreuden.

„Wein und Fein" heißt das Geschäft, mit dem sich Familie Gröner in der Altstadt niedergelassen hat und die Gaumenlust ihrer Kunden kitzelt. Wer es lieber rustikal mag und nicht so gut zu Fuß ist, der kann von Langenberg aus auch eine Tour durch die Elfringhauser Schweiz machen.

Eingebettet in die Dachlandschaft der bergischen Häuser liegt der Mariendom von Neviges. Die Wallfahrtskirche mit dem zeltartigen Betondach ist nach dem Kölner Dom der zweitgrößte Sakralbau der Erzdiözese. Denn es kommen pro Jahr Zehntausende, um am „Gnadenbild der Ohne Erbsünde empfangenen Gottesmutter Maria" zu beten. Franziskaner begleiten die Pilgergruppen, gestalten Gottesdienste, stehen für Beichtgespräche zur Verfügung und führen auf Wunsch durch den Mariendom.

Der Devotionalienhandel rings um den Dom blüht. Die Pilger bringen nicht nur der Mutter Maria ihre Gaben, sie nehmen auch gerne ein Andenken mit zurück. Wissenswertes zur Geschichte der Wallfahrt erfährt man, nur ein paar Gehminuten vom Dom entfernt, im Schloss Hardenberg. Doch dort hat auch die Kunst ihren Platz – und manche Kuriositäten aus der Stadtgeschichte von Neviges: Früher brachten die Pilger ihr Kaffeepulver von zu Hause mit, und die Frauen rund um den Dom verkauften ihnen dazu heißes Wasser. Kaffee zu verkaufen war ihnen verboten, da Privatpersonen der Gastronomie keine Konkurrenz machen durften. Aber wer wollte, konnte für die durstigen Pilger ein Hinweisschild an seiner Türe anbringen: „Hier heißes Wasser!"

Wer glaubt, dass in früheren Zeiten alle Türen offen standen, der kann sich im Schloss- und Beschlägemuseum im benachbarten Velbert eines Besseren belehren lassen – und sich davon überzeugen, dass man schon vor 5000 Jahren seine Schätze zu hüten wusste.

Am Bismarckturm auf dem Hordtberg könnte es aufs Neue losgehen, ein anderer Spaziergang durch Langenberg vielleicht oder eine Fahrt in die reizvolle Umgebung. Der Blick von oben schweift über Langenberg und Umgebung und wird nur noch überragt vom wohl bekanntesten Langenberger Bauwerk, dem Sender Langenberg!

Alles auf einen Blick:

Information:
Verkehrsverein Velbert
Friedrichstr. 181 a
42551 Velbert
Tel.: 0 20 51 / 95 89 90
www.verkehrsverein-velbert.dvs.net

Bürgerhaus Langenberg
Hauptstraße 64
42555 Velbert-Langenberg

Kunsthaus Langenberg e. V.
Hauptstraße 6
42555 Velbert-Langenberg

Aktionsbüro
Hauptstraße 6
im Bahnhof Langenberg
Tel: 0 20 52 / 8 09 31

Kunsthausgalerie
Hellerstraße 22
Tel: 0 20 52 / 81 35 23

Antiquariate und Sehenswürdigkeiten
„Kunstkirche"
Donnerstraße

„Info-Büro Arbeitskreis Bücherstadt"
Hellerstraße 22

„Antiquariat-Kunstgewerbe Drews"
Hauptstraße 87

„Muster-Antiquariat des Arbeitskreises Bücherstadt"
Hauptstraße 75

„Langenberger Antiquariat"
Hauptstraße 48/Schweinegasse

„Antiquariat Marktgalerie"
Kreiersiepen 2

Mariendom Neviges
Franziskanerkloster Neviges
Wallfahrtsleitung
Postfach 15 02 20
42521 Velbert
Tel: 0 20 53 / 9 31 80
www.mariendom.de

Deutsches Schloss- und Beschlägemuseum
Oststraße 20
42551 Velbert
Tel: 0 20 51 / 26-2285
Führungen: nur nach vorheriger Terminabsprache,
Öffnungszeiten:
Di–Fr 10.00–17.00 Uhr,
Sa 10.00–13.00 Uhr,
So 10.00–13.00 Uhr
und 14.00–16.00 Uhr.

Bismarckturm
Hordtstr. 18
42555 Velbert-Langenberg
Tel: 0 20 52 / 51 43
Öffnungszeiten Gaststätte und Aussichtsturm:
Sa–Mi 11.00–19.00 Uhr,
Do 11.00–15.00 Uhr,
Fr Ruhetag.

Tuchfühlung 2 Körperkonturen
Informationen zu Führungen, Rahmenveranstaltungen sowie Lesungen, Konzerten etc: Kunsthaus Langenberg
Aktionszentrale im Kunstbahnhof
Tel: 0 20 52 / 8 09 31
www.tuchfuehlung.de

Morsbacher Geschichten

Eine eigene Republik

Die sanften Hügel des Oberbergischen lockten die Menschen schon seit uralten Zeiten an. Im südlichen Zipfel liegt seine älteste und größte Ansiedlung: Morsbach. Aufregende Attraktionen sucht man hier vergebens, kleine Geschichten dagegen finden sich zuhauf. „Ach, lassen Sie die Morsbacher. Die Morsbacher sind eine eigene Republik!" Mit diesen Worten hat Landrat Dresbach seine Leute nach dem Krieg vor den strengen Gesetzen der britischen Besatzer bewahrt. Und so ist Morsbach eben immer Morsbach geblieben.

Das Wirtshaus in der Kirchstraße erinnert an die Geschichte mit den britischen Besatzern, die dann doch Hochachtung vor den eigenwilligen Morsbachern hatten. Der Koboldbrunnen vor seinem Eingang erzählt eine andere Geschichte. Welcher Wanderer hier Pate stand, weiß man nicht genau. Jedenfalls sollte man sich in Morsbach wohl vor Kobolden, auch den weiblichen, in Acht nehmen. Schnell ist man aller Habseligkeiten beraubt und wird obendrein zum Gespött der kleinen Biester.

Foto: C. Buchen

Die Morsbacher setzten ihrem Regenverkünder Rähn-Willem mit diesem Brunnen ein Denkmal.

An den geschieferten Fachwerkhäusern der Kirchstraße vorbei, führt der Weg hinauf zur Pfarrkirche St. Gertrud, deren Turm das Wahrzeichen von Morsbach ist. Nur ein paar Stufen sind es hinauf zum Pfarrhaus. Die Basilika zählt zu den bedeutenden spätromanischen Kirchenbauten im Bergischen Land. Neben dem Altar befindet sich der kostbarste Schatz: die Anna-Selbdritt-Gruppe mit Mutter Anna, Maria und dem Jesuskind. Die Eichenholzplastik stammt aus dem 15. Jahrhundert, dem Höhepunkt der Annenverehrung.

Doch kommen wir zu einem Manne, der immer im Regen steht – unablässig tropft ihm das Wasser vom Regenschirm (fast) in den Kragen: Rähn Willem, das Morsbacher Original, ist eine Geschichte für sich. Stets mit seinem Schirm unterwegs, verkündete er allen, die es hören wollten oder nicht, dass es Regen geben werde. Die Morsbacher haben ihm mit dem Brunnen ein liebevolles Denkmal gesetzt. Und so steht er nun auf dem Platz vor dem Rathaus und manch einer hört ihn noch immer rufen „Löü, et gitt Rähn!" Bronzene Schweinchen haben sich zu ihm gesellt und erfreuen sich nicht nur bei den Kleinsten großer Beliebtheit. Doch natürlich regnet es in Morsbach nicht häufiger als anderswo. Wenn also die Sonne schien in Morsbach, pilgerten die gut gelaunten Bürger am Sonntag zum Hollenstein. Heute ist die schöne Aussicht von hohen Fichten verstellt und der dicke Quarzbrocken mächtig geschrumpft. Ob der Hollenstein jemals eine germanische Opferstätte war, ist nicht bewiesen. Aber immer noch lockt er die Hobbygeologen an, der glitzernden Bergkristalle wegen. Doch in Morsbach herrschte nicht

Foto: C. Buchen

Morsbacher Fachwerkhaus mit Brunnen.

Foto: C. Buchen

Schloss Krottorf: eine Wasserburg aus dem 12. Jahrhundert.

Foto: C. Buchen

Die Grube Silberhardt – ein alter Bergwerkstollen in Oettershagen.

immer eitel Sonnenschein. Hier brannten sogar die Scheiterhaufen – im nahen Friesenhagen. Viele Menschen ließen hier ihr Leben. Die rote Kapelle und die alte Linde auf dem Blumberg erinnern noch an die schaurigen Hexenprozesse im 17. Jahrhundert.

Wenden wir uns schöneren Dingen zu und den heiteren Sommernachmittagen. Jeweils im April öffnet Schloss Krottorf, die Wasserburg aus dem 12. Jahrhundert, ihre Tore. Dann kann man genüßlich durch den schönen Schlosspark schlendern und später im „Goldenen Acker“ in Morsbach einkehren.

Nicht weit von Morsbach entfernt, in Oettershagen, wurde ein alter Bergwerksstollen wieder entdeckt, die Grube Silberhardt. Zweieinhalb Jahre haben die Freizeitmineure gebraucht, um den oberen Stollen freizulegen. Nach dreißig Metern stießen sie dabei auf den alten Stollen aus dem 15. Jahrhundert. Auf engstem Raum mussten sich die Männer im Mittelalter mit Meißel und Schlägel, Kratze und Trog durch den Berg bohren. Vor 120 Jahren soll die Grube Silberhardt rund 400 Mitarbeiter beschäftigt haben. Der Bergbau war das wirtschaftliche Rückrat der Region. Unter Anleitung eines alten Steigers haben die ehrenamtlichen Helfer den Arbeitsplatz ihrer Vorfahren wiederhergestellt und für die Öffentlichkeit zugänglich gemacht. Nach zahlreichen Arbeitsstunden ist man fast am Ziel, und seit kurzem ist die Grube Silberhardt für Besucher geöffnet.

Als sei die Zeit aufs angenehmste stehen geblieben: So erscheint dem Besucher Holpe, eine der 67 Ortschaften der Großgemeinde Morsbach. Hier lässt es sich geruhsam spazieren. Das lauteste Geräusch ist zuweilen das Plätschern des Baches. Holpe ist von Morsbach aus bequem zu Fuß zu erreichen. Über 150 Kilometer Wanderwege ziehen sich quer durch das hügelige Bergland

Foto: C. Buchen

„Rheinischer Hof“ – noch mit einer echten alten „Bergischen Doppeltüre“!

und was andernorts nur ein Sprichwort ist, alle Wege führen nach Rom – an dieser Stelle ist es gar nicht mal so abwegig. Auch in Rom lässt sich hier wohnen. Eine Familie, die hier seit zwei Generationen zu Hause ist, hat den Ortsnamen immer als Herausforderung verstanden. Aus einer kleinen Pension „Zum Römertal" wurde ein nettes Hotel und der Traum des Großvaters von einer eigenen Kapelle hat sich inzwischen auch erfüllt. Sie ist die einzige Privatkapelle im Erzbistum Köln und der ganze Stolz von Heinz Klein, dem jetzigen Familienoberhaupt. Dem Vermächtnis des Großvaters folgend hat er sie nach ihm benannt: „St. Heinrich". Die Post an Seine Scheinheiligkeit verirrt sich gelegentlich allerdings bis nach Italien. Im Vatikan nimmt man es aber gelassen und schickt sie ganz korrekt an den selbst ernannten Konkurrenten zurück. Der Hubschrauber fliegt mal wieder vorbei, sehr zum Bedauern Seiner Scheinheiligkeit. Aber wer will, der kann hier tatsächlich landen. Schneller kommt man nicht nach Rom! Doch nicht nur der Fluggast ist hier willkommen. Zum Feiern und Fröhlichsein dürfen auch andere kleine Sünderlein erscheinen. Wie gesagt: Alle Wege führen nach Rom, zumindest in Morsbach!

Foto: C. Buchen

Das Morsbacher Oberdorf mit staufisch-romanischer Basilika.

Alles auf einen Blick:

Landhotel Goldener Acker
Zum Goldenen Acker 44
51597 Morsbach
Tel: 0 22 94 / 80 24

Hotel Restaurant „Zum Römertal"
51597 Rom / Morsbach Sieg
Tel: 0 22 94 / 2 35

Wasserschloss Krottorf
Friesenhagen
Tel: 0 22 94 / 4 03
Öffnungszeiten:
1. April bis 31.Oktober
täglich 11.00–17.00 Uhr
außer Mo und Fr

Grube Silberhardt / Oettershagen
Das Besucherbergwerk ist von April bis Oktober jeweils am ersten Wochenende (Sa/So) 10.00–16.00 Uhr geöffnet.

Gastgeber- und Veranstaltungsverzeichnis
zu beziehen über:
Gemeinde Morsbach
Bahnhofstr. 2
51597 Morsbach
Tel: 0 22 94 / 69 90
www.morsbach.de

Ruhrgebiet

Der Pott kocht. Nirgends liegen die Dinge so dicht beieinander wie im Ruhrgebiet: spannende Industriekultur, großes Entertainment oder pure Entspannung. Bei der Reise ins Revier tauchen Sie ein in die Geschichte von Koks und Stahl und in eine Region, die viel Grünes zu bieten hat. **Das Hafendorf „Ruhrort“** hat den Charme vergangener Tage bewahrt. Hier hat sich stets alles um Schifffahrt und Hafen gedreht.

Lünen lockt eher kindliche Gemüter mit **Schlösser, Spielzeug und Seeluft**. Über 200 Puppen „wohnen“ im Museum auf Schloss Schwansbell. Sie stehen mehr auf echte „Puppen“ und hätten lieber eine **Heimliche Liebe?**

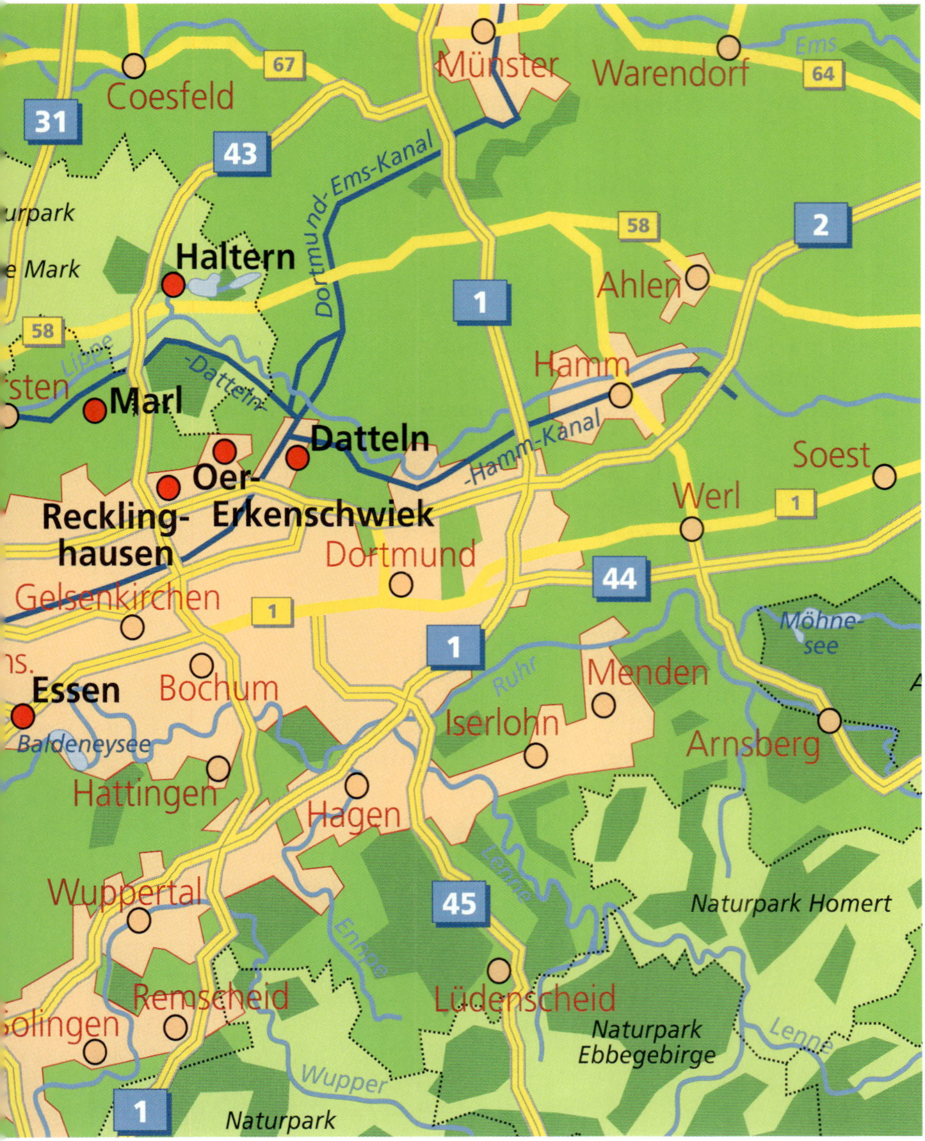

Dann machen Sie eine Tour in und um Essen! Wer genug von der Großstadt hat, dem kommt der **Wald über der Kohle** gerade Recht. Im nördlichen Ruhrgebiet, umgeben von den Städten Marl, Datteln und Haltern, liegt ein riesiges Waldgebiet und beliebtes Ausflugsziel: die Haard. Und mitten in der Stadt ist die **Gruga in Essen,** ein wunderbarer Park voller Exotik und Abenteuer.

Informationen:

Ruhrgebiet Tourismus GmbH

Königswall 21
44137 Dortmund

Tel: 02 31 / 1 81 61 86

www.ruhrgebiettouristik.de

Das Hafendorf „Ruhrort“

Es geht eigentlich immer ums Wasser

Wo die Ruhr in den Rhein mündet, stand das Leben immer schon im Zeichen der Schifffahrt und des Hafens. Die Streifzüge durch das alte Hafendorf „Ruhrort“ belegen, dass der Charme vergangener Tage bewahrt wurde.

Wer sich dem alten Ruhrort übers Wasser nähert, bewegt sich eigentlich schon mitten in der Geschichte – auch, wenn es an Bord der Lastkähne und Dampfschiffe von einst selten so beschaulich zuging wie auf den Ausflugsschiffen der Duisburger Verkehrsgesellschaft. Die Gäste auf der „Wilhelm Lehmbruck“ sollen eintauchen können in die Zeit, als der heutige Stadtteil Duisburgs noch so etwas wie ein Eldorado der deutschen Binnenschifffahrt war. Die Menschen, die hier leben, pflegen liebevoll die Erinnerungen an längst vergangene Ruhrorter Ereignisse. Aber eigentlich geht es hier am Ende immer um das Wasser, schließlich ist Ruhrort der größte Binnenhafen Europas, war Ruhrort schon im 14. Jahrhundert eine Zollstelle und schließlich lief Ruhrort lange Duisburg den Rang ab. Und jedes Jahr im Sommer wird das Ruhrorter Hafenfest gefeiert, im Jahre 2001 mittlerweile zum achten Mal.

Auch für Besucher sind auf Schritt und Tritt die guten, alten Zeiten nachvollziehbar, als in Ruhrort noch unzählige Schiffe anlegten. Sie kamen aus Holland oder der Schweiz und die einstige Rheinzollstelle der Grafen von Moers wurde zu einem der wichtigsten Umschlagspunkte – erst für Kolonialwaren, später dann für Steinkohle aus dem Ruhrgebiet. Auf einem alten Güterspeicher mitten in Ruhrort gibt’s etwas Besonde-

Foto: Koeppen / Stadt Duisburg

Radschleppdampfer „Oscar Huber“ ist inzwischen im Museum der deutschen Binnenschifffahrt in Duisburg vor Anker gegangen.

Foto: Stadtwerke Duisburg

Ausflugsschiffe der Duisburger Verkehrsgesellschaft.

res zu bestaunen. Ein altertümliches Räderwerk lässt ahnen, mit welchem Einsatz vor hundert Jahren Waren aus aller Welt in einem historischen Gebäude der Firma Haniel hochbugsiert und eingelagert wurden. Im firmeneigenen Museum wird die Erinnerung an die Pionierzeit und das Lebenswerk ihres größten Ruhrorter Vertreters Franz Haniel gepflegt. Von 1797 an machte er aus dem Handels- und Speditionsbetrieb des Vaters nach und nach eines der größten Industrieunternehmen Europas. 1968 schlug ein Mitarbeiter der Firma vor, doch ein Firmenmuseum zu gründen. Die Firmenleitung fand das prima und stellte einige Räume des Hauses, in dem Franz Haniel sein gesamtes (Arbeits-)leben verbrachte, zur Verfügung. Heute gibt es hier Materialien zur Firmengeschichte und zur Historie des Hauses zu sehen. Es geht um die Geschichte Ruhrorts, die Industrialisierung und natürlich die Binnenschifffahrt.

Mit Kohle und Stahl floss auch viel Geld nach Ruhrort. Die Dampfschifffahrt trieb den Warenumschlag in die Höhe – außer den Haniels gab es hier bald auch zahlreiche andere erfolgreiche Geschäftsleute, und das Hafendorf Ruhrort wurde über die Grenzen hinaus bekannt und berüchtigt: Hier ließ es sich leben – mit allem, was dazugehört, wenn Schiffersleut und Händlervolk den Ton angeben.

Foto: Haniel Museum

Im Franz Haniel-Museum zu bewundern: ein altes Schifffahrtskontor (Rekonstruktion).

Foto: Koeppen / Stadt Duisburg

Die alte Tjalk „Goede Verwachting“ im ehemaligen Jugendstilschwimmbad.

Wenn es ein Wahrzeichen gibt für das alte Ruhrort, dann ist es sicher der Radschleppdampfer „Oscar Huber“ aus dem Jahre 1922. Sozusagen als Außenstelle des Museums für Binnenschifffahrt lädt der betagte Schlepper all jene ein, die sich nicht nur an äußerer Schönheit ergötzen, sondern die Geschichte einer Region hautnah erleben wollen. Bis zu sieben Kähne zog „Oscar Huber“ bis in die 60er Jahre hinein. Dann eroberten die Schubboote mit Dieselmotoren das Wasser und „Oscar Huber“ wurde ausgemustert und wäre beinahe verschrottet worden. Vor dem Museum für Binnenschifffahrt ist er vor Anker gegangen. Gemeinsam mit der Tjalk „Goede Verwachting“, der „Bibo 2“ und dem Eimerketten-dampfbagger „Minden“ von 1882. Wer mehr erfahren will vom Leben an Bord, von alten Lastenseglern und den Freuden und Leiden der Binnenschifffahrt, sollte sich die kostenlose Führung jeden Sonntag nicht entgehen lassen.

Heimatverbunden, aber nicht provinziell – so beschreiben viele den „Ruhrorter Charakter", den Geist eines Völkchens, das stets mit und von Fremden lebte, die von überall herkamen und das Leben auf mancherlei Weise bereicherten. So kann es kaum überraschen, dass Historiker die Architektur des evangelischen Gemeindehauses zwar als „romantisch-maurischen Mischmasch" bezeichnen, das Ganze schließlich aber doch unter Denkmalschutz gestellt haben – als stilistische Kuriosität gewissermaßen. Noch heute beherbergen die ehrwürdigen Gewölbe nicht nur die evangelische Gemeinde, sondern auch die niederländische Schifferkirche und zeugen von alter Ruhrorter Toleranz.

Wo einst das Hafenleben tobte, schweigt die heutige Idylle von den wilden Raufereien, verrauchten Hafenkneipen und anrüchigen Etablissements, in denen die Matrosen früher ihre Heuer auf den Kopf hauten. Lang, lang ist's her, und auch die Zeiten, da der Fisch direkt am Kai feilgeboten wurde, sind vorbei – doch auf das kulinarische Hafenerlebnis muss in Ruhrort dennoch niemand verzichten. Im „La Vigie", hoch über den Dächern Ruhrorts, ist man auf die knurrenden Mägen der Hafendorf-Besucher bestens vorbereitet. Gerade Fisch-Gerichte stehen bei den Gästen hoch im Kurs: Die Gastgeber wissen, was sie ihrem Ruf an diesem Standort schuldig sind – es geht um einen runden Eindruck von ihrer Heimat. Und den bekommen die Gäste hier allemal.

Foto: Koeppen / Stadt Duisburg

Ein Taucher ist selten allein – auch nicht im Museum der Deutschen Binnenschifffahrt!

Alles auf einen Blick:

Duisburger Verkehrsgesellschaft
Harry-Epstein-Platz 10
47051 Duisburg
Tel: 02 03 / 6 04 44 45

Haniel-Museum
Franz-Haniel-Platz 1
47119 Duisburg
Tel: 02 03 / 80 64 18
(Besichtigung nur nach Vereinbarung)

Museum der deutschen Binnenschifffahrt
Apostelstr. 84
47119 Duisburg
Tel: 0203 / 80 88 90
www.binnenschifffahrtsmuseum.de
Öffnungszeiten
(Museum und Schiffe):
Di–So 10.00–17.00 Uhr.

Hotel-Restaurant „La Vigie"
Kasteelstr. 1
47119 Duisburg
Tel: 02 03 / 80 05 50

Schlösser, Spielzeug und Seeluft

Eine Reise für Auge, Ohr und Nase

Schlösser und Herrenhäuser gibt es viele am nördlichen Rand des Ruhrgebiets. Lohnendes Ziel für Kinder und jene, die sich kindliche Freude bewahrt haben, ist bei Lünen Schloss Schwansbell mit seinem Spielzeugmuseum. Eines der ältesten ist Schloss Cappenberg, in dessen Forst auch Wanderer ihre Freude finden. Wer danach tief Luft holen will, der fährt nach Werne, wo ein Gradierwerk die geförderte Sole zu feinem Nebel zerstäubt.

In den Flussauen an den Ufern der Lippe ist das Revier zu Ende: Fast schon im Grünen und nur das Kraftwerk von Bergkamen erinnert unübersehbar daran, dass die Gegend nördlich von Dortmund, rund um Lünen und Werne, seit der Industrialisierung eine Landschaft der Gegensätze ist: dort noch eine Schachtanlage – hier eine Schafherde. Im sumpfigen Bruchland südlich von Lünen, wo einst die Burg der Ritter von Schwansbell stand, errichteten die Grafen von Westerholt ihr Schloss. 1875 fertiggestellt, ist es eines der letzten Schlösser, die der deutsche Adel überhaupt erbauen ließ. Fein speisen kann man hier aber auch heute noch. Im Restaurant-Hotel Schloss Schwansbell werden Kreationen der regionalen deutschen Küche serviert und sonntags gibt es leckere Torten! Im Wirtschaftsgebäude von Schloss Schwansbell ist das Museum der Stadt Lünen untergebracht.

Foto: Stadt Lünen / Bildarchiv

Idyllisches Wohnen am Fluss: Lippezentrum in Lünen.

Wohnkultur zwischen 1840 und 1930 ist hier das Thema. Da sind fünf Räume zu sehen, die bürgerliches Wohnen zeigen, und die komplette Wohnküche einer Arbeiterfamilie. Anders als in vielen anderen Museen musste hier nichts mühsam rekonstruiert werden – Küche und Wohnzimmer wurden komplett aus privaten Haushalten übernommen. Zur Wohnkultur gehören auch die mehr als 200 Puppen aus den Jahren 1800 bis 1935, die mit großen Augen in ihren Puppenstuben stehen und ein Bild der Zucht und des Anstands sind. „Fürs Leben lernen wir“ und fürs Leben haben die kleinen Mädchen damals auch im Spiel gelernt. Puppenmama hat gekocht und die Wohnung sauber gehalten: Und eines Tages kam dann „der Richtige“ und der Ernst des Lebens begann ... und endete vielleicht in der

zweckmäßig und nüchtern eingerichteten Arbeiter-Wohnküche.
Eisenhütten haben die Wirtschaftsgeschichte der Stadt Lünen geprägt und deshalb werden auch Produkte aus Gusseisen in diesem Museum gesammelt. In erster Linie Öfen, die einst von den vier Eisengießereien am Ort hergestellt wurden. Da findet sich Massenware genauso wie akkurat angefertigte Einzelstücke. Außerdem zeigt das Lüner Museum Keramik und auch landwirtschaftliche Arbeitsgeräte.
Wem nach so viel Museumsluft und anschaulich präsentierter Geschichte der Sinn nach Frischluft steht, der sollte einen Abstecher zum Datteln-Hamm-Kanal machen. An ihm entlang führen Rad- und Wanderwege, etwa zum Landesgartenschau-Gelände, das 1996 angelegt wurde. Lünen selbst ist durchaus fahrradfreundlich und bietet sogar Leihräder an, auf die der Autofahrer umsteigen kann.
Nur wenige Kilometer nördlich ähnelt die Landschaft schon dem benachbarten Münsterland. Etwas abgelegen zwischen Wald und Feld steht hier Schloss Cappenberg. Einst war es ein Prämonstratenserkloster, das 1802 aufgelöst wurde. 14 Jahre später erwarb der ehemalige preußische Minister Freiherr vom und zum Stein das Anwesen, weil ihm durch den Besitz des Schlosses eine politische Tätigkeit in Westfalen ermöglicht wurde. Genau danach stand dem Ex-Minister der Sinn, und von 1824 bis zu seinem Tode 1832 lebte vom Stein auf Schloss Cappenberg. Er war es auch, der das heutige Aussehen des Schlosses durch manche Um- und Ausbauten prägte. Geradezu eine Schatztruhe mittelalterlicher Kunst ist die romanische

Foto: Stadt Lünen / Bildarchiv

So gediegen wohnte eine Bürgerfamilie in Lünen im Jahre 1907.

Stiftskirche im Schlosshof. Kenner zählen St. Johannes in Cappenberg zu den bedeutendsten Kirchenbauten des Ruhrgebiets. Zu bewundern gibt es vieles – etwa die Grabplatte der Grafen von Cappenberg. Es war Graf Gottfried, der die Burg im 12. Jahrhundert dem Prämonstratenserorden schenkte und auch gleich selbst in den Orden eintrat.
Sehr sehenswert ist auch das romani-

Foto: Stadt Lünen / Bildarchiv

Alte Puppen (um 1900 aus der Sammlung von Heide Reinhardt) gibt es im Spielzeugmuseum auf Schloss Schwansbell zu bestaunen.

Foto: Stadtarchiv Werne

Das Gradierwerk in Werne erzeugt maritimes Klima – gut für Allergiker.

sche Kruzifix oder das berühmte vergoldete Reliquiar, das den Kopf Kaiser Friedrich Barbarossas darstellt. Es ist in fast jedem Geschichtsbuch abgebildet. Das Schloss Cappenberg ist heute in Händen des Grafen Kanitz. In einem Teil des Schlosses wurde ein Theater einge-

Foto: Stadtarchiv Werne

Schloss Cappenberg, Innenansicht.

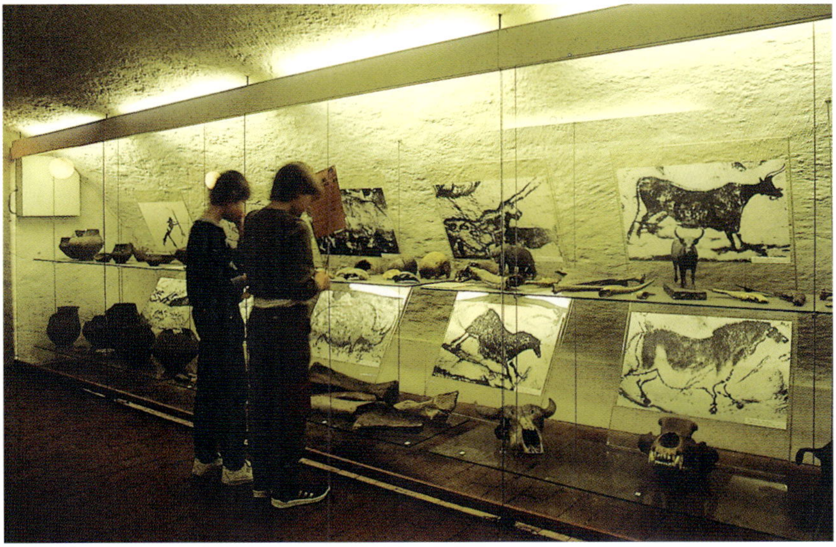

Foto: Stadtarchiv Werne

Zählt zu den bestbesuchten Museen im Kreis Unna: das Karl-Pollender-Stadtmuseum in Werne.

richtet, in einem anderen befindet sich das Familienarchiv der Schlossbesitzer mit dem Nachlass ihres Vorfahren, des Freiherrn vom Stein. Das Hauptgebäude aber dient dem Kreis Unna und der Stiftung preußischer Kulturbesitz als Räumlichkeit für Kunstausstellungen.

Mit einem Rundgang durch Schloss und Kirche muss ein Ausflug nach Cappenberg allerdings noch nicht beendet sein, denn der ausgedehnte Cappenberger Forst lädt zu Spaziergängen ein – vorbei am unterhalb des Schlosses gelegenen Wildpark. Rund drei Kilometer quer durch den Wald und man steht vor einem Gasthaus, das unter Eingeweihten und Einheimischen eine gewisse Berühmtheit genießt. „Mutter Stuff" ist eine Traditionsgaststätte an der Landstraße zwischen Selm und Werne und ein bisschen scheint es, als sei hier vor einigen Jahrzehnten einfach die Zeit stehen geblieben. Zu essen gibt es Hausmannskost: Möhrengemüse und Schinkenschnittchen. Die Preise sind zurückhaltend: Kaum ein Gericht kostet mehr als zehn Mark. Seit über 150 Jahren gibt es die Kneipe „Mutter Stuff" und viele Gäste kommen schon ihr Leben lang hier her, als sei es eine Familientradition.

Foto: Stadtarchiv Werne

Fachwerkhäuschen rund um den Kirchhof in Werne.

Foto: Stadtarchiv Werne

Solebäder schlauchen ... der Fachmann rät: Erst wandern, dann baden gehen im Natur-Solebad Werne.

Einiges vom Charme vergangener Zeiten verströmt auch die Altstadt von Werne. Anders als in vielen benachbarten Orten konnten hier einige alte Fachwerkhäuser vor dem Zugriff allzu eifriger Stadtplaner gerettet werden. Das Rathaus, ein mächtiger Renaissancebau, ist eines der wenigen, die es aus jener Zeit in Deutschland überhaupt noch gibt. An eine jüngere Epoche der Stadtgeschichte, an die des Steinkohlebergbaus, erinnert ein schlichtes Denkmal. Von 1900 bis 1975 wurde hier Steinkohle gefördert.

Noch immer aber kommt hier etwas anderes zu Tage – salzhaltiges, warmes Mineralwasser, auch Sole genannt. Vor einem Jahrzehnt hat Werne den Anschluss an seine Geschichte als ehemaliger Kur- und Badeort angeknüpft und ein so genanntes Gradierwerk errichtet. Mit dieser Anlage kann die Luft in der unmittelbaren Umgebung mit Sole angereichert werden: Es entsteht ein maritimes Klima, also gute Seeluft. Vor allem ehemalige Bergleute, die seit der Arbeit unter Tage unter Atemwegserkrankungen leiden, wissen die Anlage zu schätzen. Aber auch Allergiker und Menschen mit chronischer Bronchitis können rund um das Gradierwerk besser durchatmen.

Und während im benachbarten Bergkamen die Schlote rauchen, dampft in Werne das Thermalbad.

Foto: Stadt Lünen / Bildarchiv

Der Colani-Ufo: Wahrzeichen des Lüner Technologiezentrums „LünTec".

Während also nebenan das Industriezeitalter langsam zu Ende geht, hat man sich hier schon auf die Dienstleistungs- und Freizeitgesellschaft eingestellt.

Die 33° Grad Wassertemperatur im Natursolebad unter freiem Himmel locken jährlich rund 700.000 Besucher an. Zur Anlage mit 3.000 m² Wasserfläche gehören ein großes Sportbecken mit Zuschauertribüne, Sole-Trimm- und Sole-Erlebnisbecken, Kinderparadies und Salinenturm. Im Hallenbad laden Soleinnen- und -außenbecken, ein Süßwasserbecken mit Hubboden und Sprungtürmen sowie ein Saunazentrum zur sportlichen und erholsamen Freizeitgestaltung ein.

So ein Solebad schlaucht ganz schön! Wer einen Ausflug plant und mehr sehen will von der Umgebung von Lünen, Cappenberg und Werne, sollte also erst am Ende baden gehen.

Foto: Stadtmuseum / Stadtarchiv Werne

Riesenrad auf der „Sim-Jü-Kirmes“ in Werne (Modell).

Alles auf einen Blick:

Öffentlichkeitsarbeit der Stadt Lünen
Willy-Brandt-Platz 1
44532 Lünen
Tel: 0 23 06 / 1 04 15 77
www.luenen.de

Museum der Stadt Lünen
Schwansbeller Weg 32
44532 Lünen
Tel.: 0 23 06 / 1 04 16 49
Kulturbüro
der Stadt Lünen
Tel: 0 23 06 / 1 04 22 99

Schloss Cappenberg
Schlossberg
59379 Selm
www.roemerroute.de/selm.htm

Restaurant-Hotel Schloss Schwansbell
Schwansbeller Weg 32
44532 Lünen
Tel: 0 23 06 / 20 68 10
www.schwansbell.de
Öffnungszeiten:
Mi–Sa ab 18.00 Uhr,
So und an Feiertagen ab 12.00 Uhr,

Stadt Werne
Presse, Öffentlichkeitsarbeit, Fremdenverkehr, Stadtmarketing
Herrn Höinghaus
Konrad-Adenauer-Platz 1
59368 Werne
Tel. 0 23 89 / 7 13 18
www.werne.de

Freibad Stockum
Werthweg
59368 Werne-Stockum
Tel: 0 23 89 / 62 56
Öffnungszeiten:
Mo–Fr 6.00–10.00 Uhr und
13.00–19.00 Uhr,
Sa/So u. Feiertage 7.00–19.00 Uhr.

Heimliche Liebe

In und um Essen herum

Flogen Sie schon durch das virtuelle Essen? Vergaßen Sie schon einmal die Zeit, als Sie sich im Inneren eines Meteoriten aufhielten? Sie hätten lieber eine „heimliche Liebe", die „schöngelegen" ist? Dann nutzen Sie doch die Chance zu einer Tour in und um Essen herum.

Mitten in Essen, am Berliner Platz, wo die Stadt groß ist, anonym und grau, da steht ein unscheinbarer Würfel. Tagsüber fällt er kaum auf, doch wenn es Nacht wird, kommt Glanz in die High-Tech-Hütte. Vier Großleinwände, ein Joystick und ein Hochleistungscomputer, versorgen das Herz dieses Raumschiffs mit dem Namen „Cube" und seine vier Bildschirme mit einem 360° Grad-Panorama. Der Würfel kann aber auch für Parties oder Pressekonferenzen gemietet werden. Der Eintritt ist frei. Jeder darf hier zu seinem ganz persönlichen Rundflug durch die virtuelle Stadt abheben: 2001 – Odyssee in Essen.

Der Rücksturz zur Erde führt zur „heimlichen Liebe" am Baldeneysee. Das romantische Plätzchen ist ob seiner traumhaften Aussicht bei Hochzeitsgesellschaften sehr beliebt. Aber nicht nur zum Heiraten oder Schauen kommen die Gäste, auch zu Kaffee und Kuchen oder eben wegen der guten Küche. „Zur Platte", „Schwarze Lehne" oder „Heimliche Liebe" heißen die Traditionslokale rund um die Krupp Villa Hügel. Warum das ehemalige Bauernhaus „Heimliche Liebe" heißt, erklärt man dort mit einer Geschichte, die sich im 19. Jahrhundert so zugetragen haben soll: „Damals beschloss Alfred Krupp, sich an den Hängen der Ruhr ein standesgemäßes Domizil zu schaffen. So streifte er über die Hügel, um Ausschau nach einem geeigneten Platz zu halten. Man erzähl-

Foto: Design Zentrum NRW

Die Villa Hügel war 1954 Gründungsstätte und erstes Domizil des Design-Zentrums. Industriebaron Krupp empfing hier einst gekrönte Häupter.

Foto: Margarete Krupp-Stiftung

Margaretenhöhe: eine Siedlung im Stil einer englischen Gartenstadt.

te sich, dass er vom Baldeneyer Berg aus, und zwar von der Stelle, an der heute die Heimliche Liebe zu finden ist, die noch mit Büschen und Heide bewachsene Fläche des Hügels entdeckt habe, die er schließlich als Platz für seine Villa erwählte. Diese Höhe ist während seines ganzen Lebens seine „heimliche Liebe" geblieben. Romantiker argwöhnten sogar, dass er hier eine heimliche Liebe getroffen hat."

Ländlich-sittlich geht es tief im Süden zu. Hier wird es bergig und hier ist Zeit für das erste Hobby, dem auch viele Essener frönen: Brieftauben. Inmitten von Bauernhöfen, Wiesen und Weiden steht die Schwarzwaldklinik für Brieftauben. Leiter der Taubenklinik ist Dr. Jürgen Raddei. Sein Herz schlägt aber nicht nur für Renntauben für 100.000 Mark und mehr. Auch um die kleinen Sportverletzungen von bunten Vögeln aus dem Bauer von nebenan kümmert er sich liebevoll.

Neben diesem großen Hobby der ehemaligen Bergleute wird in Essen heute Tanz groß geschrieben. Wo Pina Bausch ihre Karriere begann, gibt Marta Muinos, die große Choreografin der modernen Welt,

Foto: © Ursula Kaufmann

Marta Muinos lehrt den japanischen Ausdruckstanz „Butoh".

Tanzunterricht für Kinder und Erwachsene. Sie lehrt den japanischen Ausdruckstanz Butoh: getanzte Gefühle und Assoziationen.

Auch wer Typen wie Günter Semmler trifft, spürt, dass Essen seltsam ist. Und die Menschen, die hier leben, auch. Zumindest einige von ihnen. Der Essener Rockmusiker Stefan Stoppok hat Semmler einmal auf die große Bühne geholt, sogar eine CD mit ihm produziert. Günter Semmler als Plattenstar – eine Ruhrpottkarriere. Die hat auch Helga Brunner aus Hessen hinter sich. In einer kleinen Seitenstraße liegt Aldas Eck und hier lebt Humphrey Bogart. Vor 118 Jahren wurde der Laden gegründet und viel hat sich seitdem nicht verändert.

Essen – eine Tanzstadt, wer hätte das gedacht. Auch wenn Lichtjahre zwischen Pina Bausch oder Marta Muinos und den Weinstuben liegen – es sind nur ein paar Schritte von der Fußgängerzone auf dieses Tanzparkett.

Nettes Ambiente auch an der Margarethenhöhe, die selbst an trüben Wintertagen noch wie eine Dorfidylle in der großen Stadt wirkt. Von Margarethe Krupp als Stiftung gegründet, entstand hier 1910 so etwas wie eine frühe ökologische Sozialsiedlung. Wer sie heute kennenlernen will, bucht bei Rixa Gräfin von Schmettow eine Stadtführung. Die Gräfin kam aus Sachsen-Anhalt nach Essen und führt heute Touristen durch den denkmalgeschützten Stadtteil Margarethenhöhe.

Anderswo tut sich hinter alten Mauern noch Moderneres. Aus der Zeche Zollverein wurde das Designzentrum NRW. Preisgekrönte Produkte finden hier eine prächtige Kulisse. Ein wenig „schöne neue Welt" ist das schon, in der die Kuscheltiere aus Kunststoff sind und über künstliche Intelligenz verfügen. Die Macher verstehen die Zeche als Begegnungsstätte, wo Kommunikation auf hohem Niveau stattfindet und Formensprache auf Körpersprache trifft: Das Tanzzentrum NRW ist die andere Attraktion auf dem Gelände. Yol heißt die Essener Tanzgruppe, zu deren Proben und Auftritten selbst Profis aus ganz Deutschland kommen.

Und so endet denn die Odyssee durch Essen auch mit einem Höhepunkt. Die Schurenbachhalde ist der höchste Punkt im Essener Norden. In diesem Bergland ist selbst das Gipfelkreuz aus Stahl: eine Skulptur von Richard Serra.

Foto: Café Heimliche Liebe

Hoch oben über dem Baldeneysee liegt die „Heimliche Liebe".

Alles auf einen Blick:

Touristikzentrale Essen
Im Handelshof
Am Hauptbahnhof 2
45127 Essen
Tel: 02 01 / 1 94 33
Tel: 02 01 / 88-7 20 41 bis -7 20 49
www.essen.de

Alles auf einen Blick:

CUBE Essen
Berliner Platz
45127 Essen
Tel: 02 01 / 22 03 820
www.cube-essen.de
Öffnungszeiten:
Di bis Sa 10.00–19.00 Uhr

Hotel Café
Restaurant Heimliche Liebe
Baldeney 33
45134 Essen
Tel: 02 01 / 43 520 0
Öffnungszeiten
ganzjährig kein Ruhetag
durchgehend warme Küche von
12.00 bis 21.00 Uhr
Frühstück 9.00–11.00 Uhr
Vom 15. März bis 15. Oktober:
Mo–Sa 9.00 bis 23.00 Uhr,
So 9.00 bis 18.00 Uhr.
Vom 16. Oktober bis 14. März:
Mo–Do 10.00 bis 18.00 Uhr,
Fr und Sa 10.00 bis 23.00 Uhr.

Die Taubenklinik des Verbandes
Deutscher Brieftauben-Züchter
Niederweniger Straße 269
45257 Essen
Tel: 02 01 / 84 83 90
Telefonische Auskünfte:
täglich außer Sa 10.00–12.30 Uhr
und 15.00–17.00 Uhr,
Fr 15.00–16.00 Uhr.
Ambulante Sprechstunden:
täglich auß. Sa 9.00 Uhr–12.00 Uhr
und 15.00–17.00 Uhr;
Mo 15.00–19.00 Uhr;
Fr 15.00–16.00 Uhr,
Sa 10.00–11.00 Uhr.

Tanzlokal „Weinstuben“
Kettwiger Str. 36
Tel: 02 01 / 22 45 81

Hutladen „Aldas Eck“
Gänsemarkt 20
Tel: 02 01 / 22 44 02

Tanzstudio „Mawaru“
Marta Muinos
Im Ahrfeld 5
45136 Essen
Tel: 02 01 / 2 66 79 99

Zeche Zollverein
Besucherzentrum:
Tel: 02 01 / 3 02 01 33
Designzentrum:
Öffnungszeiten: Di–So 11.00–20.00 Uhr
www.design-germany.de

Tanzzentrum
Bullmannaue 20
45327 Essen
Tel: 02 01 / 30 25 23

Design Zentrum
Nordrhein-Westfalen
Gelsenkirchener Straße 181
45309 Essen (Essen-Katernberg)
ehemaliges Kesselhaus der Zeche
Zollverein Schacht XII
Tel: 02 01 / 30 10 40
www.design-germany.de/

Margarethenhöhe
1910–1931 von Georg Metzendorf errichtete Siedlung im Stil einer englischen Gartenstadt. Gestiftet von Margarethe Krupp. Ein Rundgang durch die pittoresken Sträßchen der 1987 unter Denkmalschutz gestellten Margarethenhöhe ist sehr empfehlenswert.
Information/Führungen:
Bürgerschaft Essen-Margarethenhöhe e. V.
Tel: 02 01/ 71 24 55 oder 71 28 40
www.essen-margarethenhoehe.de

Der Wald über der Kohle

In der Haard unterwegs

Umgeben von den Städten Marl, Oer-Erkenschwick, Datteln und Haltern liegt am nördlichen Ruhrgebiet eines der größten geschlossenen Waldgebiete der Region: die Haard. Das 7500 Hektar große Gebiet ist ein beliebtes Naherholungsziel für die Bewohner der Ruhrgebietsstädte.

Wer nicht glauben will, dass hier das Herz des Ruhrgebietes immer noch schlägt, der sieht vom Feuerschutzturm aus am Horizont die Industrieanlagen, die von Wald, Wald und nichts als Wald umgeben scheinen, unter dem noch heute nach Steinkohle gegraben wird.

Nur zwei Straßen führen durch den rund 7500 Hektar großen Forst. Wer das Gebiet genauer kennen lernen will, muss das zu Fuß, zu Pferde oder per Fahrrad tun. Es gibt ein ausgedehntes Netz von Wander-, Rad- und Reitwegen. Wenn alles nach Plan läuft, wird man etwa der Eiche, dem Baum der deutschen Romantik, in der Haard künftig häufiger begegnen. So wollen es die Förster des Kommunalverbands Ruhrgebiet, der seit 1977 rund die Hälfte der Waldflächen hier gekauft hat. Auch naturnahe, idyllische Waldränder sind wieder anzutreffen. Die langweilige Nadelholzplantage aus dem vergangenen Jahrhundert wandelt sich allmählich zum artenreichen Waldbiotop. Dazu gehört natürlich auch ein kleiner Waldsee. Durch Zäune vor unsensiblen Menschenmassen geschützt, hat er sich zu einem Vogel- und Pflanzenparadies entwickelt.

Der Halterner Stausee lädt zum Segeln ein.

Foto: Stadt Haltern

Ökologische Rückzugsgebiete sind ausgerechnet vom erholungssuchenden Menschen bedroht. Gerade moderne Freizeit-Sportler wie Mountainbiker, Querfeldein-Reiter oder Cross-Läufer halten sich nicht an die Wege. Sie zieht es ins Gelände, wo sie Pflanzen zertreten und Tiere verscheuchen. Anders die motorisierten Biker, denn die bleiben wenigstens auf den Straßen und an sonnigen Wochenenden sind sie zwischen Marl, Datteln und Haltern in Scharen unterwegs. Die Gegend um den Halterner Stausee ist ein beliebtes Ausflugsziel für die Motorradfreunde des Reviers.

Wer den Sound solcher Maschinen nicht besonders schätzt und auch größere Menschenansammlungen nicht mag, sollte einen Blick auf die Wanderkarte werfen: Wege in die Einsamkeit der Natur gibt es zwar, doch nicht alle sind erlaubt. Die Ufer des Halterner Stausees etwa sind fast

Foto: Stadt Haltern

Foto: Rainer Bode

Die Stiftskirche Flaesheim ist sehenswert – aber auch die Fachwerkhäuser lohnen die Reise!

rundherum eingezäunt, romantisches Lagern am See – womöglich mit Zelt und Feuerstelle – ist verboten. Der 1930 angelegte Stausee ist Trinkwasserreservoir für eine Million Menschen. Wer baden will, kann sich im öffentlichen Strandbad an einem 1000 Meter langen, natürlichen Sandstrand vergnügen.

Am Ostufer des Stausees lassen sich von März bis Oktober Boote mieten. Hier, ganz in der Nähe des Biker-Treffpunkts, ist auch ein beliebter Rastplatz für alle, die mit dem Fahrrad unterwegs sind. Der Platz liegt sehr zentral, ganz gleich, welche Route gewählt wird: rund um die Stauseen, Richtung Münsterland, in den Naturpark Hohe Mark oder in die Haard. Ganz in der Nähe führt die Römer-Route vorbei, die auf den Spuren römischer Legionen bis nach Xanten führt. Wer nicht so gern entlang der großen Straßen radelt, sollte sich nach Süden orientieren, in Richtung Haard. Der Kanalwanderweg führt – wie schon der Name verrät – kilometerweit am Wesel-Datteln-Hamm-Kanal entlang, vorbei an dem kleinen, zu Haltern gehörenden Ort Flaesheim mit seiner sehenswerten Stiftskirche und alten Fachwerkhäusern.

Unbedingt sehenswert ist die Kanalschleuse von Flaesheim. Hier überwinden die in West-Ost-Richtung fahrenden Binnenschiffe einen Höhenunterschied von vier Metern. In zwei Becken wird hier die Woche über Tag und Nacht geschleust. Nur sonntags herrscht zumindest nachts Ruhe.

Per Funk melden sich die Schiffe an. Rund hundert sind es, die täglich auf dem Weg zwischen dem Rhein bei Wesel und dem Kanalknotenpunkt bei Datteln hier vorbeikommen. In Stoßzeiten kann es durchaus dazu kommen, dass sich vor der Schleuse mal eine Schlange bildet. Vor allem, wenn die große, 1929 gebaute Schleuse in Betrieb ist, kann sich mancher Tourist an dem Schauspiel nicht satt sehen. Das tonnenschwere

Foto: Stadt Haltern

Hier kann man wunderbar spazieren gehen … und dabei Händchen halten!

Stahltor wird hier nicht zur Seite geschoben oder versenkt, sondern angehoben, um das Schiff hinauszulassen.
Was wäre ein schöneres Ende für einen Ausflugstag in und rund um die Haard, als hier am Kanalufer zu sitzen und den Schiffen zuzusehen. Eine Landschaft am Nordrand des Ruhrgebiets, von der man meinen könnte, man wäre bereits weit im benachbarten Münsterland. Doch unter den Füßen der gemütlich Rastenden wird auch heute noch in 900 und 1200 Meter Tiefe Steinkohle abgebaut.

Alles auf einen Blick:

Service:
Erreichbar ist die Haard von Marl und Haltern aus über die B 51. An der Bundesstraße befinden sich einige ausgeschilderte Parkplätze für Wanderer sowie der Forsthof Haard. Von Datteln aus erreicht man das Waldgebiet, wenn man der Beschilderung „Jammertal" folgt. Im Jammertal sind, neben einem versteckt liegenden Schacht der Deutsche Steinkohle AG (DSK), ebenfalls Parkplätze, eine Reihe von Ausflugsgaststätten sowie das Landhotel Jammertal zu finden – ein Hotel der gehobenen Preisklasse, das für Touristen Programme in den Bereichen Freizeit, Wellness und Beauty anbietet:

Landhotel Jammertal
Redder Str. 421
45711 Datteln
Tel: 0 23 63 / 37 70
www.jammertal.de

Tourist-Information
Markt 1
Altes Rathaus
45721 Haltern
Tel: 0 23 64 / 93 33 66
www.derpottkocht.de
www.kreis-recklinghausen.de.

Die Gruga in Essen

Exotik und Abenteuer mitten in der Stadt

Für Gartenfreunde ist er noch heute einer der schönsten deutschen Parks: der 70 Hektar große Grugapark mitten in Essen. Jahrzehntelang war er wegen seiner zentralen Lage das erklärte Ausflugsziel für die Menschen im Ruhrgebiet: eine grüne Insel zwischen Hüttenwerken, Kohlezechen, Bahnanlagen und Wohnsiedlungen. In der Gruga ging man sonntags feingemacht spazieren, traf sich zum Kaffee trinken auf den Gartenterrassen, dort lernten Schüler Pflanzen, Tiere und Landschaften kennen, die es ringsumher nicht mehr gab. Ein Park nicht nur für Freunde der Botanik.

Man ruft ihm etwas zu – und der Vogel antwortet. Der Beo ist ein kommunikatives Tier und er wird sich über das Ende eines langen Winters besonders freuen, denn dann kommen erfahrungsgemäß wieder viele Leute zu Besuch. Zwar ist die Essener Gruga ein Park, in dem es auch in der kalten Jahreszeit vieles zu sehen und zu erleben gibt – doch die eigentliche Saison beginnt im Frühling. Schon an den ersten warmen Tagen des Jahres schießen die Besucherzahlen in die Höhe – kein Wunder: Der Grugapark wirkt wie verwandelt. In wenigen Wochen erwacht der Park aus seinem Winterschlaf und auf dem 70 Hektar großen Areal mitten in der Großstadt Essen entwickelt sich das, was die Menschen hier an ihm so lieben. Der Grugapark wird wieder zur „großen, grünen Insel im Revier“: Spielplatz und Auslauffläche für die Kleinen und Ort der Erholung für die Großen.

Die Essener betrachten die Gruga als „ihren Garten“ – zu Recht. Für zivile 39 Mark – Preis für eine Dauerkarte – darf man sich hier tagein, tagaus aufhalten, auf einem Gelände, das gerade für diejenigen so günstig liegt, die das Grün am Nötigsten brauchen: die Innenstadtbewohner. Mütter mit Kindern sind die treuesten Besucher. Die Gruga-Halle kennt jeder, der schon mal durch Essen gefahren ist. Direkt daneben liegt, etwas versteckt, der Eingang zum Gruga-Park. Heute würde man so keinen Park mehr anlegen – im vorderen Bereich hat alles noch den Charme der 60er Jahre, als für eine Bundesgartenschau

Foto: Grugapark Essen

Der Grugaturm, ein Wahrzeichen des großen Naturparks mitten in Essen.

Foto: Grugapark Essen

Die Pyramiden der Pflanzenschauhäuser – architektonisch besonders reizvoll.

die ganze Anlage umgestaltet wurde. Nur der Turm ist älter: Errichtet im sachlichen Stil des Bauhauses ist er heute ein Denkmal moderner Architektur und stammt noch aus der Gründungszeit der Gruga. Die Gruga ist ein Park mit Tradition. Hervorgegangen aus der „Großen Ruhrländischen Gartenbauausstellung“ von 1929 (daher der Name) ist sie Freizeitpark, Botanischer Garten, Spielplatz und Erholungsgebiet in einem. Selbst ein kleiner Zoo gehört dazu. Dessen Hauptattraktion ist eine fast 4000 Quadratmeter große und 15 Meter hohe Freifluganlage für 150 große Vögel, durch die man hindurchspazieren und Ibisse, Reiher und Flamingos aus der Nähe betrachten kann.

Weithin bekannt ist die Gruga allerdings als Landschaftspark und Botanischer Garten. Im Park mit seinen vielen Wiesen, Teichen und Spazierwegen findet man auch verschiedenste Landschaftstypen, etwa

Foto: Grugapark Essen

Davon gibt´s hier reichlich: Skulpturen im Grugapark.

Fast wie in freier Wildbahn: freilaufende Pelikane im Grugapark.

Tropische Temperaturen, tropisches Feeling! Zu erleben im Regenwaldhaus.

Heide, Moor, alpine Felshänge und dichten Nadelwald mit den jeweils dafür typischen Pflanzen. Die Sammlung von Nadelgehölzen ist die umfangreichste Europas. Spannend nicht nur für Wissenschaftler und Hobby-Botaniker ist das Pflanzenschauhaus. Dort sind in drei Abteilungen tropischer Regenwald, Bergnebelwald und Wüste nachgestellt. Zu bewundern sind dort exotische Gewächse von der Bananenstaude über den Kaffeebaum und Orchideen bis zu Kakteen aller Art.

Gartenfreunde kommen ebenso auf ihre Kosten: In zahlreichen Themengärten können sie die bunte Vielfalt der Rosen, Dahlien, Küchenkräuter und Stauden bestaunen. Dazu bietet die Gruga, passend zur jeweiligen Saison, regelmäßig Veranstaltungen an (Führungen, Vorträge, Kurse).

Die Maskottchen des Parks und die heimlichen Herrscher über einen kleinen künstlichen See sind die Pelikane. Mittags um zwölf gibt es „Essen auf Rädern" mit frischem Fisch. Wochentags haben die Tiere meist Ruhe, doch am Wochenende zählen sie im Gruga-Park zu den wichtigsten Attraktionen. Ihrem Job als Unterhaltungskünstler gehen sie dann gewissenhaft nach, schließlich gehören die zweibeinigen Zuschauer zu ihren wichtigsten Kunden.

Vom Pelikanteich ins Hochgebirge sind es nur wenige Schritte. Das Alpinum – einer der vielen Themengärten – ist eine Felsenlandschaft, die zu den Zonen des Parks zählt, in der es bereits zu Beginn des Frühlings Blühendes zu bewundern gibt: Hochgebirgspflanzen sind schließlich Kälte gewöhnt.

Was dem einen Naturfreund die Vogelwelt, ist dem anderen das Reich der Pflanzen. Besonders seltene wachsen im botanischen Garten der Gruga allerdings hinter Glas. Zum Beispiel fleischfressende Pflanzen aus aller Welt. Und weil die Gewächse mit dem sonderbaren Appetit oft nur in kleiner Stückzahl vorhanden sind, helfen die Gruga-Mitarbeiter unter den Augen eines interessierten Fachpublikums bei der Vermehrung mit künstlicher Bestäubung etwas nach. Und wieso fressen Pflanzen Fleisch? Auch darauf bekommt der Wissbegierige in der Gruga eine Antwort: Fleischfressende Pflanzen wie etwa der Sonnentau, der auch bei uns vorkommt, wachsen auf so kargen Böden, dass sie über ihre Wurzeln nicht genug Nährstoffe aufnehmen. Also brauchen sie noch eine zweite Form der Ernährung. Sie fangen Insekten.

Nächste Attraktion ist eine Expedition in den tropischen Regenwald: Exotische Blumen wachsen, ein dichtes Blätterdach hält die Sonne ab, der Boden dampft vor Feuchtigkeit. Die Pflanzen aus der Äquatorzone brauchen ein konstantes Klima und Nährstoffe, die sie normalerweise in der freien Natur durch den Boden erhalten. Der Regenwald ist eines von drei Biotopen, die im Pflanzenschutzhaus der Gruga nachgebildet sind. Hier kann man zum Beispiel lernen, wo und wie die exotischen Früchte und Gewürze wachsen, die wir aus dem Feinkostladen kennen. Tropische Nutzpflanzen sind ein Spezialgebiet des Hauses.

Ibisse, Kraniche, Reiher und Flamingos – diese Vögel sind zwar auch Exoten, brauchen allerdings im Gegensatz zu den Tropenpflanzen kein geheiztes Haus. Sie brauchen vor allem Platz, und den haben sie in der großen Vogelfreifluganlage. Täglich bekommt jede Vogelart ihr spezielles Futter zubereitet. Jede Tierart hat so ihre Lieblingsspeise, doch es gilt der alte Spruch: „Es wird gegessen, was auf den Tisch kommt.“ Die Beos mögen am liebsten Weintrauben, aber auch rote Tomaten vertilgen sie mit Appetit.

Von Bären, Seehunden und Krokodilen, die es im Grugapark auch mal gab, hat man sich längst getrennt. Heute werden hier nur Tiere gehalten, die artgerecht unterzubringen sind. So sind Schafe und Ziegen zu einer der Hauptattraktionen des Parks geworden – vor allem, wenn es junge Lämmer gibt. Kinder dürfen selbstverständlich ins Gehege und in den Stall hinein.

Ein Stück Landleben, ein Stück Natur, ein wenig Idylle mitten in der Großstadt zu erhalten: das war von Beginn an der Zweck der Gruga, die ohne spektakulären Rummel auskommt. Dieses Angebot wissen Botaniker und Gartenfreunde, Erholungssuchende und Kinder gleichermaßen zu schätzen.

Alles auf einen Blick:

Service:
Der 70 Hektar große Grugapark befindet sich mitten in Essen, neben dem Messegelände, verkehrsgünstig an Autobahn 52 und Bundesstraße 224, und ist mit der U-Bahn vom Hauptbahnhof aus gut zu erreichen. Der Park ist ganzjährig täglich geöffnet.

Informationen Grugapark
Külshammerweg 32
45149 Essen
Tel: 02 01 / 8 88 31 04
Internet: www.grugapark.de

Siegerland

Klein, aber fein ist das Siegerland im großen Nordrhein-Westfalen. Es bietet reizvolle Reiseziele: tiefe Wälder, alte Burgen, historische Städte und traditionsreiche Feste.

Die erste Tour **Von altem Brot und Korn** führt durch das schmucke Siegerland: vorbei an wogenden Kornfeldern, hübschen Ernteköniginnen und dampfendem Brot bei Backesfesten. Traditionelle Handwerksläden finden sich in **Freudenberg – der alte Flecken,** wo es sich trefflich durch mittelalterliche Gassen schlendern lässt: das „Rothenburg" Nordrhein-Westfalens.

Warum Bad Karlshafen eine Zufluchtsstätte für Hugenotten wurde,

erfahren Sie in **Fluss ohne Quelle**. Städte wie Hannoversch-Münden und Lemgo verdanken der Weser ihren Reichtum. Romantisch geht's bei **Drachen, Orgeln und Runkelrüben** zu. Die Burg Calenberg ist ein richtiges „Domröschenschloss" – und um den Desenberg, einem erloschenen Vulkan, soll früher sogar schon mal ein Drache sein Unwesen getrieben haben.

Informationen:

Touristikverband
Siegerland-Wittgenstein e. V.

Koblenzer Str. 73
57072 Siegen

Tel: 02 71 / 3 33 10 20

www.siegerland.de

Von altem Brot und Korn

Backesfeste im Siegerland

„Von altem Brot und Korn“ – ein Spätsommer-Streifzug durch das Siegerland mit wogenden Kornfeldern, Ernteköniginnen und dampfendem Brot direkt aus dem Backhaus in Wilgersdorf. Wenn's um Korn geht, dürfen auch Schnaps und Bier nicht fehlen. Der Streifzug zeigt, wie Familiendestillerien nach alten Rezepten Korn brennen. Selbstverständlich gehört zum Streifzug über Erntebräuche auch ein Besuch in einer kleinen Brauerei.

Die Dorfkapelle spielt auf beim Backesfest in Mittelhees. Mit den Backesfesten wird im Siegerland die 500 Jahre alte Tradition des Backens von Roggenbrot gefeiert. Prasselndes Feuer heizt den Backofen, den Backes, auf 250° Grad vor. 300 vorbereitete Brote wandern beim Backesfest in Mittelhees in den Ofen. Als Brennmaterial dienen Reisigbündel aus den Nutzwäldern der Region, die so genannten Schanzen. Die Rezepte fürs Schanzenbrot waren fast vergessen – fast: Heute wissen die Kundigen, dass zum Teig Weizenmehl, Roggen, Sauerteig und Hefe gehören. Die Backhäuser mussten auf Befehl der adeligen Landesherrn außerhalb des Dorfes errichtet werden, so sah es die mittelalterliche Brandschutzverordnung vor, denn allzu oft hatten die Siegerländer beim Brotbacken ganze Dörfer in Schutt und Asche gelegt. Backesfest – das heißt nicht bloß Altes Brot und Korn – hier wird auch altes Handwerk gepflegt. Beim Backesfest genießt man ländliche Spezialitäten: Schan-

Foto: Touristikverband Siegerland-Wittgenstein

So sieht ein altes Backhaus aus – im Mittelalter wurde außerhalb des Dorfes gebacken, um Brände zu vermeiden.

zenbrot mit Schmalz und Sülze oder selbst eingekochter Marmelade, Bier – mit weichem Siegerländer Wasser gebraut und statt des obligatorischen Körnchens probiert frau andere geistige Getränke. Auf einem kleinen Bauernmarkt kauft man noch beim Imker und Käsebauern seines Vertrauens.

Hier weiß man eben noch, was unter die Rinde und in den Darm kommt. Wem der Käse wurst ist, der wartet auf die neuen Paletten vom Schanzenbrot. Nach nur 20 Minuten Backzeit ist es bereits fertig. Schanzenbrote gehen auf den Backesfesten weg wie warme Semmeln. Für ein paar Mark erwirbt man beim Siegerländer Backesfest Frischluft, frisches Brot und Nostalgie. Wer Glück hat, erlebt auch die Vorführung von liebevoll gepflegten, antiken Dreschmaschinen mit Treckerantrieb.

Ganz ohne Maschinen, mühselig mit der Sichel, wird die Roggenernte im historischen Hauberg bei Fellinghausen eingebracht. Die Haubergswirtschaft ist eine ökologische Waldnutzung, die seit dem 15. Jahrhundert betrieben wird. Aus den Wurzeln gefällter Bäume treiben neue Schösslinge. Birken, Eichen, Fichten – der Wald und sein Holz waren einst die Lebensgrundlage der Landbevölkerung, die die Hauberge genossenschaftlich bewirtschaftete. Alle 20 Jahre werden die nachgewachsenen Bäume gefällt – Schonung und Schonungen gibt es für die Haubergswälder nicht.

Im August blühen in den Haubergen die Buchweizenfelder. Brei aus Buchweizensamen galt in alter Zeit als Armeleuteessen. Heutzutage ist er in der Körner- und Ökoszene als Tee und gemahlen als Waffelmehl wieder

Foto: Touristikverband Siegerland-Wittgenstein

Gleich wird ihnen heiß: Brotlaibe vor dem Gebacken werden.

Foto: Touristikverband Siegerland-Wittgenstein

Blick in den Backofen.

Foto: Touristikverband Siegerland-Wittgenstein

Hmm, lecker, frisch gebackenes Brot.

beliebt. Buchweizen ist aber nur ein Nebenprodukt der Haubergswirtschaft. Seit mehr als 500 Jahren dreht sich alles ums Holz. Zur Verhüttung der Eisenfunde im Siegerland benötigte man Unmengen Holzkohle. Zehn Tage schwelt so ein Kohlenmeiler, bis aus den aufgeschichteten Stämmen Holzkohle geworden ist. Für den Wald sah es im Mittelalter nicht bloß finster, sondern schwarz aus. Der enorme Bedarf an Holzkohle hätte beinahe zum völligen Kahlschlag geführt. Die Haubergswirtschaft bewahrte die Lebensgrundlage der Menschen. Ihre harte Arbeit hat in den Wäldern des Siegerlandes sichtbare Spuren hinterlassen. Die gerodeten Flächen der Hauberge sprenkeln die Hügel des Rothaargebirges.

Verborgen zwischen Hag und Hain liegt Schloss Junkernhees, eines der wenigen erhaltenen Adelsschlösser des Siegerlandes. Als Landjunkerbesitz wurde es im 16. Jahrhundert von den Freiherrn Syburg und Hees erbaut. Heute ist Schloss Junkernhees ein Hotel. Im urigen Rittersaal zechten die Junker nach wüsten Jagdpartien auf Rot-, Schwarz-, Dam- und anderes Wild. Von den Geweihen der Schlossherren blieb nur ein Leuchter übrig. Doch die Adeligen nahmen nicht nur Rehe aufs Korn. Das ausgestellte Hinterteil eines Keilers hing wahrscheinlich einmal auf einem Bratspieß überm Feuer der Schlossküche, dem größten Raum in Junkernhees – heute eine gemütliche Gaststube. Allerlei Schinken geben Schloss Junkernhees seine eigene Atmosphäre. Zur deftigen Brotzeit schenkt man hier Siegerländer Bier aus. Der wichtigste Bestandteil dieses Bieres – das Wasser – wird in den Talsperren der Region mit Bade-, Segel- und Tauchverbot geschützt.

Die Biertradition im inzwischen über 750 Jahre alten Ort Eichen begann 1888 unter dem Kindelsberg in einem Walz- und Hammerwerk. Werksbesitzer Gustav Schweißfurth braute für seine durstigen Arbeiter Eichener Hammerbräu. Sein Walzwerk existiert schon lange nicht mehr und das schieferverkleidete Stammhaus der Familie Schweißfurth ist heute umzingelt von moderner Brauereiarchitektur. Seit vier Generationen in Familienbesitz ist die Brauerei heute auf dem neuesten Stand der Technik. Obwohl das Eichener Familienbräu nur in der Region vertrieben wird, verlassen immerhin 24.000 Flaschen pro Stunde das Band. Durch die Rohre und Tanks der Brauerei sprudelt das kalkfreie Wasser aus einer hauseigenen Quelle. Doch Gedanken an Quellnymphen oder uriges Brauhandwerk kommen zwischen all der Hightech nicht mehr auf. Per Knopfdruck wird das Deutsche Reinheitsgebot realisiert: Vier Dinge braucht das Bier: Wasser aus dem Siegerland, Hopfen aus Franken und jetzt kommt das Korn wieder ins Spiel: Malz, aus Gerste gewonnen. Mit Hefe versetzt entsteht dann das satte Gluckern im Glas, das auf Schützen- und Erntefesten lebenswichtig ist. Die als verschlossen geltenden Siegerländer entpuppen sich bei ihren Ernteumzügen als freizügige Spaßvögel mit einem Humor, der sich gewaschen hat. Folklore und Sauhatz sind zwei Attraktionen auf den Höhenzügen des Rothaargebirges.

An seiner höchsten Stelle, rund 600 Meter über dem Meeresspiegel, errichteten unbekannte Bauherrn

Foto: Touristikverband Siegerland-Wittgenstein

Auf Schloss Junkernhees im urigen Rittersaal zechten einst die Junker nach wüsten Jagdpartien.

um das Jahr 1200 die Ginsburg. Erhalten sind bloß noch Mauerreste. Der Turm wurde 1969 rekonstruiert. Ein 300 Jahre altes Fachwerkhaus wurde Balken für Balken auf den Burgberg geschafft und nun residiert hier der Haus- bzw. Schlossmeister.

Doch einst hauste hier ein Raubritter mit seiner gar lieblichen Gattin. Der Ritter begab sich auf Beutezug und überließ seine Frau der Obhut seines Kaplans. Der Geistliche jedoch lauerte in seiner Zelle nur darauf, der schönen Frau Gewalt anzutun. Er hetzte sie durch die Gemäuer der Burg, packte die Widerstrebende schließlich und mauerte sie bei lebendigem Leibe ein. Im letzten Augenblick kehrte der Ritter zurück und errettete sein geliebtes Weib vor dem Tode. Der Kaplan aber wurde zur Strafe nun selbst eingemauert. Und, so die Sage, gelegentlich spukt er noch herum.

Raubritter, edle Fräulein und sündige Geistliche hausen nicht mehr im Siegerland. Dafür ist der Ausblick phantastisch: Von der Ginsburg blickt man bei klarem Wetter bis zum Siebengebirge am Rhein. Die Hügel des Siegerlandes bilden ein Land mit ländlichen Traditionen. Ein Land, das vom Wald und vom Wasser lebt. Ein Land von altem Brot und Schrot und Korn.

Alles auf einen Blick:

Allgemeine Informationen über das Siegerland, Backes- und Erntefeste

Touristikverband Siegerland-Wittgenstein
Koblenzerstr. 73
57072 Siegen
Tel: 02 71 /3 3310 20
www.siegerland.de

Historischer Hauberg Fellinghausen
Stadt Kreuztal
Tel: 0 27 32 / 13 98

Schloss Junkernhees / Hotel
Stadtteil Junkernhees bei Kreuztal
Tel: 0 27 32 / 13 98

Freudenberg – der alte Flecken

Durch mittelalterliche Gassen

Freudenberg im Siegerland, genannt „Der alte Flecken“, gilt als das Rothenburg Nordrhein-Westfalens. Der gesamte Stadtkern aus dem 15. Jahrhundert ist in seltener Einheitlichkeit erhalten und restauriert. Die Streifzüge führen durch herbstlich mittelalterliche Gassen zwischen Rothaargebirge und Westerwald.

Freudenberg im Siegerland, genannt: der Alte Flecken, ist eine Kleinstadt mit Fachwerkbauten des 17. Jahrhunderts. Zum ersten Mal urkundlich erwähnt wurde Freudenberg 1389. Der Turm der heutigen evangelischen Pfarrkirche war damals der Bergfried einer Burg. Um sie herum entstanden die ersten Häuser des Alten Fleckens. Nach der Reformation waren die Protestanten im Siegerland nicht bloß glaubensstreng, sondern auch praktisch. Ihre Kirche, auf den Ruinen der einstigen Burg erbaut, wurde kurzerhand auch als Gefängnis genutzt.

Der Alte Flecken blühte und gedieh, bis die enge Bauweise und die offenen Feuer zur Katastrophe führten: 1540 brannte der Alte Flecken samt Burg ab und 1666 passierte es wieder. Das, was der Tourist heute sieht, ist alles nach dem letzten Brand wieder aufgebaut worden. Übrigens mit Steinen aus der Burg, die nur noch als Wohnsitz gebraucht wurde und nicht mehr als Verteidigungsanlage. Im Laufe der Jahrhunderte wurden die Häuser behutsam den jeweiligen Wohnbedürfnissen angepasst. Heute ist der Alte Flecken fast ein reines Wohnviertel, aber beim Bummel durch die Straßen entdeckt man doch noch einige traditionelle Handwerksläden.

Foto: Stadt Freudenberg

Restauriertes Fachwerkhaus – ein schmucker Anblick.

Nur noch selten blubbert im Familienbetrieb von Bemd Klein das Gerät zum Aufdämpfen der Filzhüte, denn einen wirklich handgefertigten Filzhut tragen die Damen und Herren von heute längst nicht mehr.

Gleichwohl sind Handwerker mit Kenntnissen der Fachwerkbauweise sehr gefragt, seit 1971 die Restaurierung des gesamten Alten Fleckens begann. Nur noch wenigen Häusern sieht man an, was der Zahn der Zeit angerichtet hat. Fast der ganze Alte Flecken ist vorbildlich wiederhergestellt.

Alte Handwerkskunst, belebt von neuen Ideen, gibt es aber auch noch

Foto: Stadt Freudenberg

Historischer Stadtkern „Alter Flecken", ein Baudenkmal von internationaler Bedeutung.

im Alten Flecken. Ihr tägliches Knäckebrot verdienen sich die Mitarbeiter eines Juweliers mit modernem Design. Doch wie ihre Vorgänger vor Jahrhunderten arbeiten die Goldschmiede für jeden Kunden einsehbar in den Fenstern ihres Geschäftes. In Freudenberg ist man in Designfragen konservativ. Was hier gefeilt und gelötet wird, findet im Alten Flecken kaum Abnehmer, aber Kunden, die die Anreise nicht scheuen, werden von den Angeboten der Goldschmiedin Miriam Kreutz überrascht sein.

Mit edlen Metallen wurde im Alten Flecken schon vor 200 Jahren gearbeitet. Im Stadtmuseum ticken noch heute ein Dutzend Stand- und Wanduhren des bekanntesten Uhrmachers im Siegerland: Johann Peter Stahlschmidt. Um 1800 hatte Stahlschmidt sein Geschäft in Freudenberg gegründet – das letzte Stündlein des Familienbetriebes schlug im Zweiten Weltkrieg. Heute ticken seine Präzisionsinstrumente nur noch im Flecker Museum.

Die Zeit scheint langsamer zu verrinnen im Alten Flecken. Hier pflegt man noch rustikales Handwerk und wie alles andere in Freudenberg hat auch die Holzbrandmalerei ihre lange Tradition. Mit einer heißen Nadel wird – Strich für Strich – die Stadtsilhouette ins Holz gebrannt und andere nostalgische Motive. Wer sich für dieses Handwerk brennend interessiert, der kann in Freudenberg Kurse belegen und dieses rustikale Hobby erlernen.

Holz vor der Hütte – das gehört im Alten Flecken dazu – und ein Pferd im Untergeschoss. Bis zur Restaurierung des Fachwerkensembles in den 70er Jahren hielt fast jede Familie

Foto: Stadt Freudenberg

Reizvoll anzuschauen: Freudenberg im Siegerland mit Kirche.

Vieh in den Kellerräumen und das Leben in der Fachwerkstadt ging ländlich zu. An die schwere Arbeit erinnert eine kleine Ausstellung in einer ehemaligen Scheune, zusammengetragen vom Heimat- und Verschönerungsverein. Die Mitglieder waren derart fleißig in ihrer Sammelleidenschaft, dass die Leiterwagen schon unter der Decke hängen müssen. Wie in vielen Heimatstuben des Siegerlandes haben vor allem Landwirte in Eigeninitiative alte Geräte und sogar eine Häckselmaschine zusammengetragen und restauriert. Hier können Besucher

Foto: Stadt Freudenberg

Eine Szene aus „Figaros Hochzeit“: zu bewundern im Freudenberger Freilichtmuseum .

sogar lernen, wie man buttert, mit dem Rechen umgeht oder die Spreu vom Weizen trennt.
Und wenn es dann über die Dächer hinweg läutet, so ist das leider kein Zeichen für den gedeckten Tisch, den man sich nach soviel Handarbeit redlich verdient hat. Die Glocke auf dem Dach ist das Wahrzeichen des Glockenmuseums in Eiserfeld. In der Glockenstube werden über 1600 Läutewerke aus 60 Ländern präsentiert. Hier ist Bimmeln ausdrücklich erlaubt. Schiffs-, Kuh- und Tempelglocken, Zimbeln und Tamtams – 1959 weckte das Zeitungsfoto eines glockenbegeisterten Komponisten das Interesse von Hubert Machinek. Die ersten Anregungen aber liegen noch weiter zurück: Als Messdiener, damals noch in Schlesien, durfte er die Glocken in der Kirche läuten.

500 Jahre alt ist die Glocke der Kirche im Ortsteil Oberholzklau. Der Name hat übrigens nichts mit Diebstahl zu tun, sondern stammt von Bächlein „Klawe". Der anschließende Friedhof gehört zum ältesten Gotteshaus im Siegerland – erbaut im 13. Jahrhundert. Zum denkmalsgeschützten Kirchen-Ensemble gehören das Pfarrhaus aus der Reformationszeit nebst Karpfenteich und Scheune für den Dorfpfarrer.
Wenn sich um den Alten Flecken im Herbst das Blattwerk färbt, ist Zeit für ausgiebige Spaziergänge auf den Ausläufern des Rothaargebirges rund um den Luftkurort Freudenberg. Nach langen Wanderungen steht dann natürlich am Abend die Siegerländer Küche mit speziellen Freudenberger Gaumenfreuden auf der Speisekarte.

Alles auf einen Blick:

Touristik Information Freudenberg
57251 Freudenberg
Tel: 0 27 34 / 4 31 64
www.freudenberg-stadt.de

Evangelische Kirche, Freudenberg
Ehemals die Keimzelle des Alten Fleckens. In ihrer jetzigen Gestalt erbaut von 1601 bis1606 als Reformierte Pfarrkirche. Informationen bei Pfarrer Bernd Steinseifer,
Tel: 0 27 34 / 13 88

Siegerland Hotel „Haus im Walde"
Deftige Siegerländer Spezialitäten, verfeinert und angerichtet von Kornelia Köhler.
Schützenstr. 31
57258 Freudenberg
Tel: 0 27 34 / 46 70
www.siegerland-hotel.de

Siegerländer Heimatstube
– eine Sammlung von alten landwirtschaftlichen Geräten der Region in der Achenbach'schen Scheune, Freudenberg. Besichtigungstermine und Führungen bei Helmut Krämer,
Tel: 0 27 34 / 72 04.

Stadtmuseum Freudenberg
Mittelstr. 4–6
57258 Freudenberg
Tel: 0 27 34 / 4 31 64 und 4 31 24

Oberholzklau, Kirche und Pfarrhaus
Älteste erhaltene Kirche im Siegerland mit Pfarrhaus aus nachreformatorischer Zeit, Scheune, Backhaus, Karpfenteich.
Auskunft erteilt Pfarrer Hellamer
Tel: 0 27 34 / 10 73

Fluss ohne Quelle

Streifzug entlang der Weser

„Wo Werra sich und Fulda küssen ...“ entsteht die Weser und an ihr entlang entstanden Orte, die zu den schönsten in Deutschland gehören: Hannoversch-Münden und Bad Karlshafen oder Hameln und selbst im Hinterland gelangten Orte wie Lemgo oder Bünde dank der Weser zu Reichtum.

Hannoversch-Münden. Dort, wo die Fulda aus dem Westen und die Werra aus dem Osten zusammenfließen, steht der Weserstein mit den pathetischen Versen: „Wo Werra sich und Fulda küssen, sie ihre Namen büßen müssen. Und hier entsteht durch diesen Kuss, deutsch bis zum Meer, der Weserfluss.“

Der Weser verdankt Münden viel. Die schmucken Gassen der Stadt zeugen von beträchtlichem Wohlstand der Bürger Da die Weser von Beginn an schiffbar war, blühte in Hannoversch-Münden der Handel. Das Rathaus Mündens wurde in jenem Stil erbaut, dem der Fluss seinen Namen gab: der Weserrenaissance. Zwischen 1520 und 1620 herrschte beiderseits der Weser ein üppiger Bauboom und so wurden die Bauten größer und prächtiger. Schlösser und Häuser schmückten sich mit „welschen Giebeln“, kunstvollen Ornamenten und hervorragenden Erkern, den so genannten „Utluchten“.

Foto: Deutsches Hugenotten Museum

Im Deutschen Hugenottenmuseum Bad Karlshafen wird die Lebensgeschichte der Hugenotten nachgezeichnet.

Schon Goethe bewunderte die romantisch gelegene Stadt. Den besten Blick auf den Zusammenfluss hat man vom Aussichtspunkt der Weserliedanlage. Nur 50 Kilometer flussabwärts liegt ein weiteres Kleinod, Bad Karlshafen.

Doch im Hafenbecken der kleinen Stadt herrscht Ruhe. Der Hafen ist stillgelegt und die Stadt kam zu ganz anderem Ruhm. Aus Bad Karlshafen wurde eine Zufluchtstätte. Die Hugenotten, aus Frankreich geflohene Protestanten, fanden hier eine neue Heimat. Wer Interesse an der Lebensgeschichte dieser Menschen hat, der sollte das Hugenotten-Museum besuchen. Es liegt mitten im barocken Stadtkern, gegenüber dem Rathaus.

Eine halbe Autostunde die Weser flussabwärts liegt die ehemalige Abtei Corvey – das bedeutendste Kloster im Weserbergland. Die prächtige Abtei Corvey entstand um 822 und wurde nach den Wünschen Karl des Großen das Zentrum der Christianisierung Norddeutschlands. Knapp 30 Jahre später war man immerhin schon so

Foto: Verkehrsverein Lemgo

Der prächtige Marktplatz in Lemgo mit der Kirche St. Nicolai.

christlich, dass an einem Weserübergang ganz in der Nähe ein Benediktinerkloster entstand: Das Kloster Hamala, dessen Name sich auf die benachbarte Ansiedlung übertrug: Hameln.

Die Weser ist zwar ein Fluss ohne Quelle – dafür aber einer mit Geschichte – und ein Fluss, der durch unterschiedlichste Landschaften fließt: Die Weser durchzieht das nordhessische Bergland und bildet zeitweilig die Grenze zwischen Nordrhein-Westfalen und Niedersachsen. Eine Grenze, die der Tourist rasch überwindet. Vom niedersächsischen Hameln ist es nur ein Katzensprung nach Lemgo in Nordrhein-Westfalen.

Dass die Stadt Mitglied der Hanse war, zeigen die prächtigen Häuser der Altstadt noch heute. Mittelalter und Renaissance bilden am Marktplatz eine perfekte Einheit. An der Löwenapotheke hat dagegen der Barock seine Spuren hinterlassen. Das bekannteste und berüchtigtste Haus in Lemgo ist das Hexenbürgermeisterhaus. Herrmann Cothmann hieß der Bürgermeister, der sich bei der Jagd und Verurteilung von Menschen, die der allgemeine Wahn im 17. Jahrhundert für Hexen hielt, besonders hervortat. In den Folterkellern von Lemgo wurden Hunderte von Menschen gequält. An sie und den Hexenwahn erinnert heute das Stadtmuseum im Hexenbürgermeisterhaus.

Vor den Toren Lemgos erinnert das Weserrenaissance-Museum Schloss Brake an die wesentlich glorreichere Zeit der Renaissance.

Für Fans der Weserschifffahrt ist sicherlich interessant zu wissen, dass seit 1999 zwei Weser-Frachtschiffe in einem eigenen Raum konserviert werden. Im 18. Jahrhundert sanken die beiden Schiffe und werden jetzt hier auf Schloss Brake kundig aufbereitet. Doch nun geht's endgültig ins Nordrhein-Westfälische hinein – mit dem Aroma einer guten Zigarre könnte die kleine Stadt Bünde verglichen werden.

Das Deutsche Tabak- und Zigarrenmuseum in Bünde zeigt, warum das Städtchen, das nicht direkt an der Weser liegt, dennoch vom Fluss profitiert hat. Der Zigarrentabak aus Übersee wurde im 19. Jahrhundert über die Weser transportiert, bot vielen Familien Arbeit und machte einige sogar zu Millionären. Heute gibt es nur noch wenig Tabakfreunde, die sich in Bünde aufs Zigarrendrehen

Rattenfängerstadt Hameln: Weserpromenade mit dem Münster.

verstehen. Zwei Zigarren pro Minute und das acht Stunden am Tag muss man schon drehen, um sich ein leidliches Auskommen zu verschaffen. Geruhsamer geht es da im Tabakmuseum zu. Die Geschichte des Tabaks, von Kolumbus bis heute, ist das Thema. Wer Tabakspfeifen mag oder einmal die weltbekannte Bünder „Riesenzigarre“ sehen will (160 cm lang, 18 Pfund schwer), ist hier richtig. Bundeskanzler Gerhard Schröder hat sogar eine seiner Cohibas für die Ausstellung des Tabakmuseums gestiftet. Wer jetzt wieder frische Luft braucht, dem kann geholfen werden. Zurück zur Weser!

Unglaublich, aber wahr: Diese Riesenzigarre lässt sich im Tabakmuseum in Bünde bestaunen.

Bei Porta Westfalica durchbricht die Weser das Wiehengebirge. Nur noch wenige Kilometer, dann endet das Weserbergland in der norddeutsche Tiefebene und die Weser fließt vorbei am letzten Zipfel Nordrhein-Westfalens: Schloss Petershagen – heute ein First-Class-Hotel mit Tennisplatz und Freibad. Bevor der müde Tourist hier sein Haupt bettet, sollte er aber noch Petershagen selbst aufsuchen.

Im Westfälischen Industrie-Museum der ehemaligen Glashütte Petershagen-Gernheim glüht nach 100 Jahren Stillstand wieder der Ofen. Die Besucher können jungen Glasmachern bei der Arbeit zusehen und erfahren, warum sie ihren anstrengenden Beruf so lieben.

Besucher können hier auch selbst mit sprödem Glas spielen und verstehen, wie unentbehrlich Glas im Alltag oder in der Medizin ist, und wie wichtig es als mehr oder minder stilvolles Statussymbol im klein- und im großbürgerlichen Haushalt war.

Alles auf einen Blick:

Service:
Touristik Naturpark Münden e. V.
Rathaus
34346 Hann. Münden
Tel: 0 55 41 / 75 31 33 15
www.hann.muenden.de

Deutsches Hugenotten-Museum
Hafenplatz 9 a
34385 Bad Karlshafen
Tel: 0 56 72 / 14 10
Öffnungszeiten:
Di–Sa 10.00–12.00 Uhr
und 14.00–18.00 Uhr,
So 11.00–18.00 Uhr

Fremdenverkehrsverband
Corveyer Land
Corveyer Allee 21
37671 Höxter
Tel: 0 52 71 / 97 43 20

Lemgo Marketing e. V.
Kramerstr. 8
32657 Lemgo
Tel : 0 52 61 / 9 88 70
Öffnungszeiten:
Mo–Fr 9.00–17.00 Uhr,
Sa 9.00–13.00 Uhr

Städtisches Museum
Hexenbürgermeisterhaus
Breite Str. 19
32657 Lemgo
Museumswart
Tel: 0 52 61 / 21 32 76
Museumsleitung
Tel: 0 52 61 / 21 34 63
www.lemgo.de

Öffnungszeiten:
Di–So 10.00–18.00 Uhr

Weserrenaissance-Museum
Schloss Brake
Schloßstraße 18
32657 Lemgo
Tel: 0 52 61 / 9 45 00
www.wrm.lemgo.de

Deutsches Tabak- und Zigarren-
museum mit Kreisheimatmuseum
Striediecks Hof
Fünfhausenstraße 8–12
32257 Bünde
Tel: 0 52 23 / 79 33 00
Öffnungszeiten:
Di–So 10.00–18.00 Uhr
www.buende.net

Hameln Marketing und
Tourismus GmbH
Deisterallee 3
31785 Hameln
Tel: 0 51 51 / 95 78-21, -22, -23
Öffnungszeiten:
Mai bis September:
Mo–Fr 9.00–19.00 Uhr,
Sa/So 9.30–13.00 Uhr
Oktober bis April:
Mo–Fr 9.00–18.00 Uhr,
Sa 9.30–13.00 Uhr

Westfälisches Industrie Museum
Glashütte Gernheim
Gernheim 12
32469 Petershagen
Tel: 0 57 07 / 9 31 10
www.gernheim.de

Drachen, Orgeln, Runkelrüben

Unterwegs in der Warburger Börde

Drachen, Orgeln und Zuckerrüben spielen die Hauptrollen in diesem Streifzug. Ein Drache hauste auf dem Desenberg und das Städtchen Borgentreich, nur wenige Kilometer vom Desenberg entfernt, besitzt das einzige Orgelmuseum Deutschlands. Im fruchtbaren Boden der Börde wachsen Gemüse und Zuckerrüben. Romantisch geht's zu bei einem Bummel durch Warburgs Altstadt und bei einem Besuch der Burg Calenberg, einem richtigen „Domröschenschloss".

Der Desenberg – ein erloschener Vulkan im Zentrum der Warburger Börde. Ein Ort wie geschaffen für Sagen und Märchen. Zu Zeiten Karls des Großen soll ein Drache diesen Landstrich heimgesucht haben. Niemand wagte, ihn zu bekämpfen. Nur ein Ritter aus dem Gefolge des Kaisers stellte sich dem Untier. Im Kampf auf Leben und Tod erblickte sich der Drache im spiegelnden Schild des Ritters. Er bäumte sich auf vor Schreck – da stach der Recke zu. Kaiser Karl ernannte den Ritter aus Dank zum Grafen von Spiegel und seine Nachfahren leben noch im Warburger Land.

Foto: Alois Hellmuth

Der Wasserturm Hohenwepel ist bis heute ein Wasserspeicher für die Dörfer.

In der fruchtbaren Warburger Börde hausten nicht bloß Fabelwesen. Schon vor 60.000 Jahren lebten hier Neandertaler und gingen auf Großwildjagd. Dass in Ostwestfalen Mammute grasten, belegt ein Stoßzahnfund, der im Warburger Stadtmuseum zu sehen ist. Spuren der Jäger und Sammler, auch des ersten Ackerbaus, findet man immer wieder im Erdreich der Börde und in zahlreichen Grabungsstätten aus der Stein- und Bronzezeit. Aus den Funden ließen sich die Langhütten der ersten Bauern in der Börde rekonstruieren.

Zwar mehr hoch als lang gibt es noch heute beeindruckende Bauwerke im Warburger Land. Der Wasserturm in Hohenwepel wurde 1913 gebaut, da trotz guter Wetterbedingungen die Brunnen in den umliegenden Dörfern nicht ausreichten, wenn Brände zu löschen waren. Noch heute erfüllt er seine Funktion als Wasserspeicher.

Foto: Stadt Warburg

Hier in Warburg werden seit 1880 „süße Kristalle“ verpackt.

Neuerdings nutzt ihn auch die Telekom für ihr Funknetz.
Vom Wasserturm zur Königin der Instrumente ist es nicht weit. In Borgentreich muss viel Wind gemacht werden um Töne hervorzubringen. „Wind“ nennt der Fachmann die Luft, die ein Gebläse durch die Orgel drückt. Im einzigen Deutschen Orgelmuseum können sich die Besucher selbst die Flötentöne beibringen. Spezielle Exponate erlauben es den Besuchern, eigens gebaute Teile einer Orgel in Betrieb zu setzen. In der gegenüberliegenden Pfarrkirche befindet sich übrigens eine der bedeutendsten deutschen Barockorgeln des Orgelbauers Johann Patroklus Möller. Plattenaufnahmen und Radiokonzerte machten die Orgel, Borgentreich und seine katholische Kirche über die Grenzen der Warburger Börde bekannt. Und Borgentreich hat besonders für Marienverehrer eine weitere Besonderheit zu bieten: einen Nachbau der Grotte von Lourdes. Ein Volksschullehrer machte es sich um 1900 zur Lebensaufgabe, hier einen Zwilling des französischen Wallfahrtsortes entstehen zu lassen.
Das Warburger Land gehört zum Hochstift Paderborn. Deshalb war man hier schon immer erzkatholisch – und lebt noch heute vom Rübenanbau. Um den fruchtbaren Boden der Börde stritten sich im Mittelalter die Bischöfe von Paderborn und Mainz, deren Bistumsgrenzen hier verlaufen. Heute leben 600 Landwirte im Großraum Warburg von Zuckerrüben, einem Haupterwerbszweig der Region. Zur Erntezeit, von September bis Dezember, rollen täglich 4500 Tonnen Rüben über die Förderbänder der Warburger Zuckerfabrik. Pro Tag werden hier aus den Rüben 700 Tonnen Zucker gewonnen: Alle fünf Sekunden sieben Kilogramm – das ist der Jahresbedarf eines Bundesbürgers. Zäher Rübensaft wälzt sich durch Rohre und Kessel, wird in mehreren Kochvorgängen zu Sirup eingedickt und schließlich zu Zucker raffiniert.
Seit 1880 werden in Warburg die süßen Kristalle verpackt. Zucker, oder wie die Warburger sagen: „Das weiße

Gold der Börde" hat in Deutschland noch immer seinen Absatzmarkt gefunden.
Landwirtschaft und Industrie leben am Desenberg in friedlicher Koexistenz. Das Ei des Kolumbus zwischen Tradition und Moderne aber fand die Firma Brauns-Heitmann. Schon unsere Großmütter färbten ihre Eier mit Heitmanns Eierfarben. Der letzte Schrei: das Karo-Ei in mehreren Färbeschritten. Im Labor tüfteln Chemiker an immer neuen Verzierungen – auf der Suche nach dem „idealen" Osterei. Alljährlich geschieht das Warburger Wunder: Hier fallen Ostern und Weihnachten auf einen Tag! Oder anders ausgedrückt: Bei Heitmann ist jeder Tag des Jahres Weihnachten und Ostern zugleich. Denn die Traditionsfirma hat nicht bloß Eierfarben im Angebot, sondern auch Tausende von Dekoartikeln für die beiden großen Feste.

Foto: Orgelmuseum Borgentreich

Wunderschön ist diese Springladen-Barockorgel aus dem 17./18. Jahrhundert – zu hören in der Pfarrkirche Borgentreich.

Märchenhaft erscheint Burg Calenberg an der hessischen Grenze. Die im 13. Jahrhundert erbaute Festung wurde 1880 von einem Industriellen aus dem Ruhrgebiet zu einem romantischen Schloss umgestaltet und so präsentiert sich das Gemäuer heutzutage als verzaubertes Dornröschenschloss.
Der Lärm der Autobahn Dortmund/Kassel beeinträchtigt eine weitere romantische Idylle: die Ruinen der Wüstung Roden bei Scherfede. Wie Bilder von Caspar David Friedrich wirken der Friedhof und die Reste der romanischen Kapelle aus dem 11. Jahrhundert. Und noch ein Geheimtip für Romantiker: Der Prunksaal vom Schloss Welda im Diemeltal. Im Barockschloss und seiner Orangerie – in Privatinitiative restauriert – wurden Wohnungen eingerichtet. Auf dem ehemaligen Besitz der Adelsfamilie Haxthausen kann man sich heute auch als Bürgerlicher einmieten.
Zentrum der Warburger Börde ist die mittelalterliche Doppelstadt Warburg. Unter ihren Dächern findet sich so Skurriles wie das Bäckereimuseum in der Altstadt. Hier hat Elisabeth Boes ihre ehemalige Arbeitswelt in einen nostalgischen Bäckerladen verwandelt. Als der große Backofen um 1925 angelegt wurde, dachte man praktisch. Seine Hitze beim Brotbacken wärmte damals gleichzeitig auch das neue Badezimmer.
Das Warburger Rathaus stammt aus dem 16. Jahrhundert. Seit dem Jahr 1000 hatten sich am Fuße und auf dem Gipfel des Stadtberges zwei Siedlungen unabhängig voneinander entwickelt. 1436 schlossen sie sich zu einer Stadt zusammen. Noch heute ist das Mittelalter auf Schritt und

Tritt gegenwärtig in der ehemaligen Hansestadt Warburg, selbst wenn heute Autos durch das Sacktor fahren, die Vergangenheit bleibt lebendig. Und wer die Börde und Warburg erwandert, der wird feststellen, dass es im Warburger Land noch viel mehr zu entdecken gibt als Drachen, Orgeln und Runkelrüben.

Foto: Stadt Warburg

Warburg ist etwas für Turm-Fans: Wehrtürme gibt es hier viele.

Alles auf einen Blick:

Der Desenberg bei Warburg, ein erloschener Vulkan, ist erreichbar über die Warburger Innenstadt – hier den Hinweisschildern folgen.

Informationen über die Ur- und Frühgeschichte der Region und über die Besiedelung der Börde seit dem frühen Mittelalter gibt es im
Museum im Stern
Sternstraße 35
34414 Warburg
Tel: 0 56 41 / 74 19 88

Weitere Informationen zu touristischen Zielen in und um Warburg, Hotelnachweis etc. beim
Fremdenverkehrsverband Warburg Südegge e. V.
Bahnhofstraße 28
34414 Warburg
Tel: 0 56 41 / 9 25 55
www.warburg-touristik.de

Wasserturm in Hohenwepel
Informationen bei
Alois Helmuth – ehemaliger Ortsvorsteher Hohenwepel
Tel: 0 56 41 / 83 53

Orgelmuseum Borgentreich
Marktstraße 6
34434 Borgentreich
Tel: 0 56 43 / 12 12

Der Nachbau der Lourdes-Grotte in Borgentreich wurde ab 1901 von einem Lehrer des Ortes errichtet. Heute ist sie ein Wallfahrtsort zur Marienverehrung. Schilder am Ortseingang weisen den Weg.

Zuckerfabrik Warburg
Bahnhofstr. 80
34414 Warburg
Tel: 0 56 41 / 94-0

Firma Brauns-Heitmann
Lütkefeld 15
34401 Warburg
Tel.: 0 56 41 / 9 50

Burg Calenberg
Der ausgezeichnet erhaltene Bau befindet sich in Privatbesitz und ist leider nicht zu besichtigen. Bei Spaziergängen durch den Ort Calenberg aber kann die prachtvolle Anlage von außen erwandert werden.

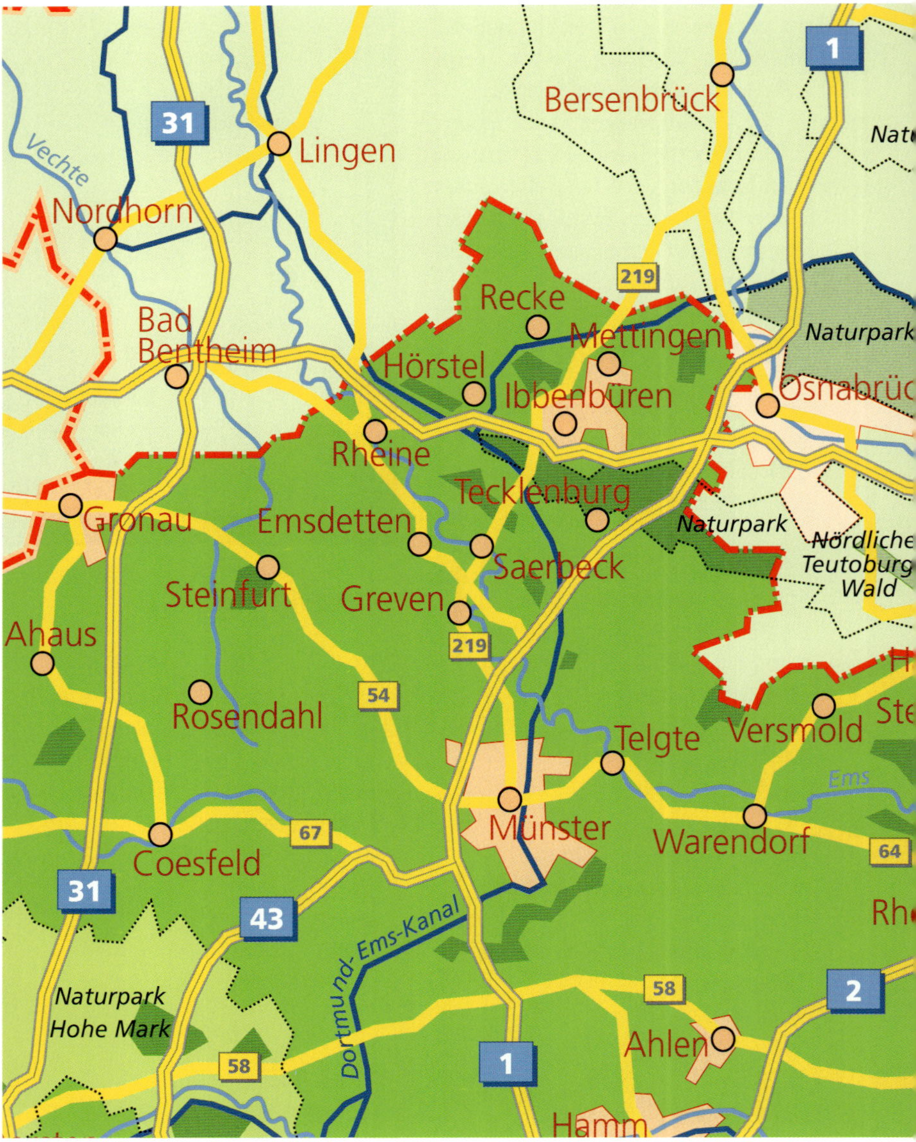

Teutoburger Wald

Das hätten die Teutoburger gerne, dass die Schlacht zwischen Hermann und Varus einst in ihrem Teutoburger Wald geschlagen wurde.
Wirklich wahr ist dagegen: **Die Urwelt liegt bei Espelkamp** – hier, im Norden Nordrhein-Westfalens und im nahen Niedersachsen, liegen geheimnisvolle Orte wie das Oppenweher Moor.
Richtig gruselig wird es bei **Dönekes und Spökenkieker**. In den Paderborner Kirchen und Schlösschen werden wahre und erfundene Geschichten erzählt – Gespenster inklusive.
Noch ärger wird es bei **Schiff ahoi – eine Weserkreuzfahrt,** da flunkert der Lügenbaron von Münchhausen so viel, dass sich die Balken biegen.

Wir schippern vorbei an Burgen und schmucken Weserorten. Zeitgenossen, die Stille suchen, können auch mit **Kreuzgang und Klausur** in das Kloster Herstelle gehen – natürlich auf Zeit! Die Schwestern der Benediktinerinnenabtei Herstelle zeigen in ihrem Mustergarten, dass sie mit der Zucht von Blumen durchaus auch etwas von „weltlichen Dingen“ verstehen.

Informationen:

Teutoburger Wald Tourismus e. V.
Bad Meinberger Str.1
32760 Detmold
Tel: 0 52 31 / 95 85-29 oder -55
www.teutoburger-wald.de
Zur besseren Übersicht gibt es für zwei Routen die Zusatzkarte Weserbergland (siehe Seite 191).

Foto: Stadt Espelkamp

215
61
6
7
Steinhuder Meer
Petershagen
Mittelland-Kanal
2
Hannover
bbecke
Minden
Bünde
3
Rinteln
217
Bad Oeynhsn.
61
Hameln
Herford
n.
Bad Salzuflen
Weser
Weser-
elefeld
Lemgo
Boden-
werder
1
64
3
Detmold
ghausen
Horn-
Bad Meinburg
Polle
Naturpark
bergland
südlicher
Steinheim
Holz-
minden
rück
Höxter
Teutoburger
Wald
Bökendorf
Paderborn
64
Fürsten-
berg
Bad
Driburg
Ottbergen
33
Beverungen
Uslar
und
252
Bad
Karlshafen
44
Borgentreich
Weser
Eggegebirge
3
Hohenwepel
Warburger
80
Hann.
Münden
480
Börde
Warburg
Calenberg
7
Marsberg
Brilon
252
Werra
Fulda
Naturpark
7
Kassel
480
Diemelsee
44
Korbach

Die Urwelt liegt bei Espelkamp

Saurier, Moore und Hinkelsteine

Im äußersten Norden Nordrhein-Westfalens und in den angrenzenden Regionen Niedersachsens – rund um Espelkamp – liegen geheimnisvolle Orte: Das große Torfmoor und das Oppenweher Moor erinnern an Urlandschaften. Im Findlingswald bei Neuenknick hat der Landwirt Heinrich Rode 2000 Findlinge gesammelt – und den Höhepunkt der Reise durch die Urzeit bildet ein Besuch im Dinosaurier-Park Münchehagen.

Wollgras, Torfmoose und Erika wachsen zaghaft unterm tiefen Himmel. Grauer Dunst zieht über die einsame Landschaft. Das Oppenweher Moor ist eine Idylle. Wer es wirklich richtig kennenlernen will, der marschiert hier – nördlich von Espelkamp – auf zwölf Kilometer langen Knüppeldämmen durch die Einsamkeit. Eine Landschaft wie vor Tausenden von Jahren. Innerhalb weniger Minuten wird nebelverhangener Dunst zu klarem Licht oder zu noch dichterem Nebel. Das Oppenweher Moor ist eine uralte Landschaft, in die der Mensch nur als Gast gehört.

Foto: Ernst Heilmann

Das heutige Espelkamp.

Doch am Rande des Moores hat die Kulturlandschaft den Wanderer schneller wieder eingefangen, als ihm lieb sein mag. Der Mittellandkanal im Kreis Minden-Lübbecke führt vorbei an einer Stadt mit einer eigenartigen Geschichte. Seit Jahrhunderten siedelten in Espelkamp Menschen, doch auf Leben oder Tod ging es erst nach dem Zweiten Weltkrieg. Ein Munitionslager, das sich auf dem Gelände der Stadt befand, sollte eigentlich gesprengt werden – damit wäre die komplette Stadt vernichtet worden. Doch der zuständige britische Offizier weigerte sich, wies vielmehr einen Geistlichen an, das Munitionslager doch für das evangelische Hilfswerk zu nutzen. Die Kirche verstand und die Stadt blieb stehen. Das Munitionslager wurde leer geräumt und 1949 entstand das heutige Espelkamp: in einer Gemeinschaftsaktion der evangelischen Kirche und des Landes Nordrhein-Westfalen als Musterstadt geplant und erbaut. In einer Zeit der Wohnungsnot, in den frühen 50er Jahren, galten die Wohnblocks im

Das Oppenweher Moor – eine Landschaft wie vor 1.000 Jahren.

Grünen als „Stadt der Hoffnung" für Vertriebene. In den letzten Jahren zogen hauptsächlich Aussiedler aus Russland hierher. Von den Anfängen Espelkamps zeugen heute nicht nur die Straßenschilder – sie erinnern z.B. an erste Bürgermeister und herausragende Geistliche – die Stadt wirkt wie ein Architekturmuseum der 50er Jahre. Wohnblocks, Geschäftsstraßen, Gartenanlagen und Kirchen muten zwar nicht urtümlich an, aber ein wenig urig doch schon. Es ist eben die schlichte, zweckmäßige Architektur aus den Jugendjahren der Bonner Republik.

Urig, ja urweltlich wird es dagegen im Süden von Espelkamp. Dort, wo große Vogelschwärme kreisen, liegt wieder ein Moor, das Große Torfmoor. In diesem Naturschutzgebiet leben Brachvogel, Bekassine und Braunkehlchen. Entstanden ist das Torfmoor durch die Verlandung eines Sees. Es bildeten sich Sumpfzonen, Birkenwälder und Schilfpartien, auf denen sich dann das Hochmoor aufbaute. Lange Zeit wurde hier Torf abgebaut. Zunächst als Brennstoff, dann als Zusatz zu Garten- und Blumenerde. Seit das Große Torfmoor im Jahr 1980 unter Naturschutz gestellt wurde, ist es wieder sich selbst überlassen. Kipploren rollen hier schon lange nicht mehr. Mit den Jahren hat sich das Moor wieder zu einer urtümlichen Landschaft für Vögel, Eidechsen und sogar Kreuzottern zurückverwandelt.

Jenseits des Moores, an der Weser, scheint die Zeit stillzustehen. Geschäftig ging es hier nie zu. Trotz des vielen Wassers war der sumpfige und steinige Boden nicht sonderlich ertragreich. So mussten die Menschen sich an anderer Stelle ihr Geld verdienen. Der Shanty-Chor aus Lahde ist eine ungewöhnliche, aber keine unerklärliche Erscheinung für diese Gegend. In der ehemaligen Schule haben die Männer des Dorfes Heimsen ihr Heringsfänger-Museum in Eigenleistung errichtet. Im 19. und 20. Jahrhundert verdingten sich die Männer von der Mittelweser als Heringsfänger auf der Nordsee. Ein halbes Jahr fuhr man hinaus, fischte den damals noch massenhaft vorhandenen Hering bei Nacht und konser-

Foto: Gemeinde Stemwede

Mahl- und Backtag an der Bockwindmühle Oppenwehe.

vierte ihn tagsüber in Salzfässern. Die Arbeit war hart, gefährlich und mancher kehrte nicht zurück. In rund 100 Jahren ließen 500 Männer bei dieser Arbeit ihr Leben. Das Museum zeigt, wie bis 1970 der Hering mit Spezialnetzen gefangen wurde. Seit dieser Zeit fahren keine Männer von der Mittelweser mehr hinaus.

Wenn im Spätsommer der erste Sturm über die abgeernteten Felder fegt und den kargen Boden blank reibt, dann wachsen, so sagt man hier, Steine. Jene steinernen Riesen, die allerdings von den Gletschern der Eiszeit hierher gerollt wurden. 2500 Findlinge hat allein Heinrich Rode aus Neuenknick in seinem Findlingswald gesammelt. Im Verlauf von 25 Jahren hat er ein ostwestfälisches Stonehenge errichtet – seine eigene Urwelt auf der Landesgrenze zu Niedersachsen.

Foto: Stadt Petershagen

Das Schloss Petershagen wurde Mitte des 16. Jahrhunderts zu einem prächtigen Schloss der Weserrenaissance umgebaut.

Foto: Stadt Petershagen

Findlingswald bei Neuenknick. Wie die Steine hier wohl hinkamen?

Noch urtümlicher geht es jenseits der Landesgrenze im Saurierpark Münchehagen zu – wie im Jurassic Park von Spielbergs Film. 1980 gab hier ein Steinbruch Dinosaurierfährten frei. Sie wurden unter Naturschutz und den Schutz einer Halle gestellt, die das Zentrum des Dinosaurierparks bildet. Hier aber werden die versteinerten Knochen der Urzeit nicht bloß ausgestellt – die Besucher können Paläontologen dabei beobachten, wie die knöchernen Kostbarkeiten der Urzeit konserviert werden. Der Dinosaurierpark Münchehagen ist Museum und Vergnügungspark zugleich. Lernen, Staunen und Spaß gehören hier zusammen. Ganze Schulklassen lassen sich von den wissenschaftlichen Mitarbeitern die über 100 lebensgroßen Saurier und ihre Lebensweise erklären. Zwischen den Beinen dieser Riesen vergeht einem der menschliche Größenwahn. Wer's abenteuerlich liebt, der kann hier mit ein bisschen Phantasie sein persönliches Jurassic-Park-Erlebnis haben: Er braucht sich nur die herannahenden Tritte eines Tyrannosaurus Rex zwischen den friedlichen Pflanzenfressern vorzustellen. Saurier, Moore und Hinkelsteine – die Urwelt liegt eben doch bei Espelkamp.

Foto: Dinosaurierpark Münchenhagen

Fast wie im Jurassic Park: Dinosaurier in Münchehagen.

Foto: Stadt Petershagen

Petershagen liegt an der westfälischen Mühlenstraße. Die Klostermühle in Lahde.

Alles auf einen Blick:

Das Oppenweher Moor
liegt bei Stemwede-Oppenwehe im Kreis Minden-Lübbecke. Die Gaststätten „Moorhof“ und „Meyers Deele“ veranstalten Plantagen- und Kutschfahrten an den Rändern des Moors – ein ideales Wandergebiet. Das Fremdenverkehrsamt Stemwede bietet nach Anmeldung geführte Wanderungen an.
Auskunft:
Kreis Minden-Lübbecke
Untere Landschaftsbehörde
Portastrasse 13
32382 Minden
Tel: 05 71 / 8 07 23 23

Fremdenverkehrsamt Stemwede
Buchhofstr. 17
32351 Stemwede-Levem
Tel: 0 57 45 / 1 09 30

Verein Naturpark Dümmer e. V.
Niedersachsenstr. 2
49356 Diepholz
Tel: 0 54 41 / 9 76 12 90

Espelkamp –
„Stadt der Hoffnung“
Stadtverwaltung Espelkamp
Wilhelm-Kern-Platz 1
32339 Espelkamp
Tel: 0 57 72 / 56 20

Das Große Torfmoor
gelegen zwischen Hille und Lübbecke.
Auskunft:
Umweltamt des Kreises Minden-Lübbecke
Portastrasse 13
32423 Minden
Tel: 05 71 / 8 07 23 23

Foto: Stadt Petershagen

Störche satt – auf der Storchenroute bei Petershagen.

Gemeinde Hille
Am Rathaus 4
32479 Hille (Ortsteil Hartum)
Tel: 05 71 / 4 04 40

Heringsfänger – Museum Heimsen
Öffnungszeiten: an jedem 2. und 4. Sonntag im Monat von 14.00–17.00 Uhr von Ende März bis Ende Oktober. An Feiertagen geschlossen. Gruppenführungen sind nach Voranmeldung möglich.
Tel: 0 57 68 / 4 79

Findlingswald Neuenknick
bei Petershagen, entstand durch die Leidenschaft des Landwirtes Heinrich Rode für Findlinge.
Auskunft:
Fremdenverkehrsabteilung
Stadt Petershagen
Bahnhofstr. 63
32469 Petershagen
Tel: 0 57 02 / 82 20

Dinosaurierpark in Münchehagen
Dinosaurier-Freilichtmuseum
Alte Zollstrasse 5
31547 Rehburg-Loccum
Ortsteil Münchehagen
Tel: 0 50 37 / 20 73 oder 20 75
Öffnungszeiten:
täglich vom 1. Februar bis 30. November.

Dönekes und Spökenkieker

Gespenster, die Pader und Ackersteine

Gespenster jagen um den Dom in Paderborn, Heilige werden geraubt! Gruselig geht es zu in der Spökenkiekergeschichte vom Werwolf zu Bökendorf und eher satirisch ist das „Döneken" über die Kleinenberger Kuheier. Die Streifzüge führen zu Kirchen, Kapellen und Schlösschen, an denen sich wahre und erfundene Geschichten zugetragen haben, wie sie nur in Ostwestfalen erzählt werden.

Die Hügel des Teutoburger Waldes und des Eggegebirges, die ostwestfälischen Wälder und Dörfer im ehemaligen Hochstift Paderborn zählen zu einer Region mit Geschichte. Man kann auch sagen: Von dieser Region kann man viele Geschichten erzählen.

An den zahlreichen Quellen der Pader, dem mit vier Kilometer kürzesten Fluss Deutschlands, wurde Paderborn vor über 1200 Jahren gegründet. Akkurat verpackt und fast glasklar fließt der kleine Fluss mit einiger Geschwindigkeit durch den Ort. Vorbei am Ikenberg, dem Platz der Kaiserpfalz. Hier hielt im Jahre 777 Karl der Große die erste fränkische Reichsversammlung auf sächsischem Boden ab. Die Grundmauern des einstigen Saales hatten sich erhalten, den Rest baute man – nur knapp 1.200 Jahre später – wieder auf, unter behutsamer Bewahrung des alten. Heute befindet sich hier das Museum in der Kaiserpfalz.

Weiter geht's an der Pader entlang. An ihren Ufern erhebt sich der Dom

Foto: Stefan Brentführer

Das Museum in der Kaiserpfalz, Paderborn.

Foto: Dirk Topel

Der Dom zu Paderborn – auch von der Nordseite ein schöner Anblick.

zu Paderborn, im Jahre 799 erstmals urkundlich erwähnt. Die nach dem Zweiten Weltkrieg restaurierte Bischofskirche hat romanische, gotische und barocke Bauteile. Unglücklicherweise hat man den modernen Bau des Diözesanmuseums so nah an den alten Dom gesetzt, dass der prächtige Bau durch den neumodischen arg verdeckt wird. Schade! Im Innenraum des Doms stört glücklicherweise nichts Neumodisches die alte Pracht. Beachtenswert ist vor allem das monumentale Schnitzwerk

Foto: Museum in der Kaiserpfalz

Glasbecher des Spätmittelalters.

Foto: Ansgar Hoffmann

Das Diözesanmuseum.

Foto: Ansgar Hoffmann

Imad-Madonna aus dem 11. Jahrhundert im Hohen Dom zu Paderborn.

am Grabmal des Bischofs Dietrich von Fürstenberg im Seitenschiff des Domes. Die Familie Fürstenberg stellte über mehrere Generationen die Fürstbischöfe des Bistums Paderborn. Interessant ist auch der Bischofsfriedhof am Kreuzgang mit dem berühmten Dreihasenfenster, einem der Wahrzeichen Paderborns. Da haben zwar drei Hasen zusammen nur drei Löffel, dennoch hat jeder die üblichen zwei! Das Bild ist eine Art Glücksbringer und mancher findige Paderborner Geschäftsmann bedient sich der „Drei Hasen" auch zu verkaufsfördernden Zwecken.

In der Krypta des Domes wird der kleine Ebenholzschrein des Bistumsheiligen, des Hl. Liborius, aufbewahrt. Liborius war im 4. Jahrhundert Bischof von Le Mans. Seine Gebeine wurden um 840 nach Paderborn überbracht, um dort als Reliquien den Glauben der gerade erst christianisierten Sachsen zu festigen. Die heutigen Gläubigen verdanken dem heiligen Liborius eines ihrer schönste Feste: Einmal im Jahr, Ende Juli/Anfang August wird in Paderborn neun Tage lang das Liborifest gefeiert – eine der größten kirchlichen und weltlichen Kirmesveranstaltungen im norddeutschen Raum.

Paderborn gilt nun mal als die katholischste Stadt in Norddeutschland ist. Die Bürger an der Pader waren fast immer katholisch und von besonderem Stolz. Im 14. Jahrhundert haben sie gar ihre herrschsüchtigen Fürstbischöfe aus den Mauern der Stadt vertrieben. Fünf Kilometer außerhalb errichteten diese dann ihre Residenz: Schloss Neuhaus im Stile der Weserrenaissance. In diesen Prachtbau zog zur Reformationszeit dann ein Bischof mit Gattin ein und die Paderborner wurden Protestanten. Aber sein Nachfolger, Dietrich von Fürstenberg, ließ den evangelischen Bürgermeister vierteilen. Dieses drastische Exempel machte die Paderborner erstens nachdenklich und zweitens wieder katholisch. Und so ist das auch geblieben.

Die große Geschichte mit ihren Geschichtchen streifte das Hochstift erst wieder im Dreißigjährigen Krieg.

Foto: Touristikzentrale Paderborner Land

Auch das Paderborner Land hat seine Reize: die Wewelsburg.

Christian von Braunschweig, genannt der Tolle Christian, besetzte die Stadt und raubte den Domschatz – der heute im Diözesanmuseum aufbewahrt wird. Aus dem kostbarsten Stück der Beute, dem vergoldeten Schrein des Heiligen Liborius, ließ Christian Münzen für seine Truppen prägen. Zwei dieser so genannten Pfaffentaler – Christian hasste die Priester – sind im neuen Liboriusschrein eingearbeitet.

Foto: Georg Rücker

In der Wallfahrtskirche „Helferin vom Berge" werden an Feiertagen noch Gottesdienste gehalten – manchmal sogar im Freien.

Foto: Reinhard Buxel

In seinem Freiluft-Atelier schafft Bildhauer Reinhard Buxel reizvolle Skulpturen.

Die Geschichte und die Geschichtchen der Stadt Paderborn sind natürlich über viele Jahrhunderte durch den katholischen Glauben geprägt. In den Wäldern des Hochstiftes aber soll sich auch ganz Un-

Foto: Georg Rücker

Lourdes-Grotte am Muttergottesbrunnen in Kleinenberg.

christliches zugetragen haben. Die gruseligste Geschichte – eine richtige Spökenkiekerei – spielte in den Forsten um den Adelssitz Bökendorf. Hier entdeckten die Brüder Grimm um 1800 das Märchen vom „Hans im Glück" und Annette von Droste-Hülshoff den Stoff für die „Judenbuche". In jener Zeit soll hier ein Werwolf Angst und Entsetzen verbreitet haben. Durch die jahrhundertealten Laubengänge des Schlosses schlich der Schrecken in der Dämmerung. Noch heute sind Nachtspaziergänge vielen in Bökendorf nicht ganz geheuer. Hier, wo der Werwolf lauert und als Schatten aus dem Unterholz zuschlägt. Um dem blutigen Frevel ein Ende zu setzen, wurde der Werwolf von den Bökendorfern gejagt. Eine silberne Kugel wurde ihm zum Verhängnis. Der Schlossherr erschoss damit das Ungeheuer und dann kehrte wieder Ruhe ein in Bökendorf.

Es gibt nicht nur gruselige Spökenkiekereien aus dem Hochstift Paderborn zu erzählen. Ein Döneken aus Kleinenberg im Eggegebirge berichtet von der Intelligenz der Einheimischen. Im frommen Kleinenberg gibt es eine Wehrkirche und eine berühmte Wallfahrtskapelle. Katholiken aus dem Hochstift pilgern sommertags in Scharen hierher und die Gottesdienste unter freiem Himmel werden oft im Rundfunk übertragen. Ihnen schließt sich dann eine Prozession entlang des 300 Jahre alten Kreuzweges an.

Die Kleinenberger, so sagt man, waren gute Ackerbauern – sie hatten reichlich Pferdeverstand, was ihnen aber fehlte, waren Kühe! Da erschien eines Tages ein Viehhändler, der ihnen erklärte, sie sollten Käse im Acker vergraben, daraus würden dann schon Kühe wachsen. Also machten sich die Bauern daran, Käse zu vergraben, ob das Harzer war, weiß die Überlieferung nicht. Doch trotz aller Mühe: Die Weiden blieben leer und irgendwie kamen die Kleinenberger auch drauf, dass sie gewaltig geleimt worden waren.

Obwohl doch im Hochstift immerhin Steine aus der Erde wachsen. Jedenfalls auf einem Acker in Scharmede bei Paderborn. Wie urzeitliche Kolosse wirken die Steinquader, die hier von Bildhauer Reinhard Buxel geschaffen werden. Spaziergänger können den Künstler hier bei der Arbeit beobachten. Reinhard Buxel schafft Plastiken für öffentliche Plätze und deshalb ist auch seine Arbeit öffentlich. Im Modell wird ausprobiert, welche Ansichten und Perspektiven die tonnenschweren Objekte eröffnen. Ein Besuch in der Dämmerung hat seinen besonderen Reiz und es scheint tatsächlich, als wüchsen die Quader aus dem Acker.

Alles auf einen Blick:

Verkehrsverein Paderborn
Tourist Information
Marienplatz 2a (Fußgängerzone)
33098 Paderborn
Tel: 0 52 51 / 88 28 80
www.paderborn.de

Der Dom zu Paderborn
Markt 17
Paderborn
Tel: 0 52 51 / 12 52 16

Museum in der Kaiserpfalz
Am Ikenberg 2
Paderborn
Tel: 0 52 51 / 1 05 10

Diözesanmuseum Paderborn
Markt 17
33098 Paderborn
Tel: 0 52 51 / 12 54 00

Marien-Wallfahrtskirche in Kleinenberg
Zu erreichen über
Pfarrer Norbert Volmer
Tel: 0 56 47 / 2 21
Hier werden im Sommer Gottesdienste an besonderen Festtagen im Freien gefeiert.
www.kleinenberg.de

Der Bildhauer Reinhard Buxel
ist Dozent an der Kunstakademie in Braunschweig.
Er lebt in Salzkotten/Scharmede bei Paderborn.
Eschenstr. 90
33154 Salzkotten
Tel: 0 52 58 / 46 27
Sein Außenatelier in der Nähe seines Hauses liegt auf einer Viehweide und kann tagsüber von Spaziergängern besichtigt werden.

Schiff ahoi – eine Weserkreuzfahrt

Mit der „Höxter" von Hameln nach Höxter

Eine fünftägige Kreuzfahrt, die mit Münchhausenkugeln beginnt, an Abteien, Burgen und schmucken Orten vorbeiführt, bietet die Oberweser-Dampfschifffahrt allen Freizeitkapitänen an. Es lohnt sich, an Bord zu gehen!

Den Zauber einer märchenhaft schönen Landschaft erleben, sich vom Kapitän verwöhnen lassen und den einzig wahren Lügenbaron kennen lernen – all das ereignet sich bei einer Kreuzfahrt von Hameln nach Höxter. Wer solches im Sinne hat, beginnt seine Weserkreuzfahrt in Hameln. Drei Stunden dauert die erste Etappe auf dem 54 Meter langen Flachschiff, der „Höxter". Vorbei am 410 Jahre alten Schloss des Grafen von der Schulenburg: „Frührenaissance mit Haubentürmchen", sagt der Bordlautsprecher und kündigt wenig später Bodenwerder an, die Geburtsstadt des Lügenbarons Hieronymus von Münchhausen.

In Bodenwerder geht kein Weg und kein Blick an dem größten Lügenerfinder vorbei. Egal, wohin Besucher kommen: Der Baron ist schon da. Alles dreht sich um die Kugel, die Kanonenkugel, auf der Münchhausen vor den Feinden floh. Aber ob es wirklich stimmt, dass eine solche

Foto: Tourist Information Bodenwerder / U.-G. Müller

Ein fürwahr märchenhafter Ort ist Bodenwerder, die Geburtsstadt des Lügenbarons Hieronymus von Münchhausen.

Foto: Rentkammer Corvey

Schloss Corvey lädt mit weitläufiger barocker Schlossanlage zum Besuch ein.

Kugel 3,3 Tonnen wiegt und auf einem zwei Millimeter dünnen Wasserstrahl schwimmt? Ein physikalisches Wunder, wenn's stimmt. Oder treibt der Lügenbaron noch immer seinen Schabernack?
Eines ist wahr: Baron Hieronymus von Münchhausen hat wirklich gelebt. 1720 ist er in Bodenwerder geboren. Und auch den achtbeinigen Hasen hat's gegeben, glaubt man dem Tierpräparator. Dass der Baron an Enten hängend fliegen konnte, das beweist das Wandbild im Münchhausenzimmer. Bleibt die Frage, ob der echte Baron die Geschichten alle geglaubt hätte? Eines aber ist wahr: Der Münchhausen-Darsteller Adolf

Foto: Tourist Information Bodenwerder

Im erlauchten Kreise flunkert „Münchhausen“ gern.

Hahn nimmt seine Besucher gern mit an seinen Lieblingsplatz und diesmal hat er nicht gelogen. Denn das über 700 Jahre alte Städtchen Bodenwerder liegt märchenhaft schön.

Mit 550 PS geht es weiter zum Aschenputtelschloss in Polle. Sieben Stunden dauert die Fahrt auf der Weser hinauf. Wie Seemannsgarn wirkt die Erzählung des Kapitäns, der behauptet der ganze Schiffsaufbau ließe sich einfach so abnehmen, um bei Hochwasser unter den Brücken durchzukommen. Doch es stimmt. Und auch was der Lautsprecher dann seinen Gästen erzählt ist keine Lüge, sondern Legende: In Polle soll Aschenputtel ihre Erbsen sortiert haben. Ob's stimmt? Wahr ist jedenfalls, dass die Burg einst dem Grafen von Everstein gehörte und liebevoll saniert wurde. Der Rundblick von dort oben ist herrlich.

Am nächsten Tag ist Landausflug. Von Höxter aus geht es zum Kloster Corvey, der ältesten Abtei Norddeutschlands, die vor über tausend Jahren gegründet wurde. Hier lebte als Mönch der erste deutsche Papst, Gregor V. Und dann ist da ja noch das Schloss des Grafen Victor zu Ratibor und Corvey, ein guter Freund des Barons von Münchhausen.

Wer dem Schloss Corvey einen Besuch abstatten möchte, dem wird klar, was es heißt, über leere Kassen zu verfügen. Gleich beim Eintritt bekommt jeder zwei Staubtücher in die Hand gedrückt – und darf sich nützlich machen. So kann die Schlossbesichtigung auch zum Spaß werden. Nur die vielen tausend Bücher des Grafen sind viel zu wertvoll und bleiben für ungeübte Abstauber tabu. Das gilt auch für die wechselnden Kunstausstellungen, die hier im Schloss präsentiert werden.

Von exquisiten Schätzen hinter Glas werden die Kreuzfahrer noch mehr zu sehen bekommen: in der Porzellanmanufaktur in Fürstenberg. Hier braucht man nichts zu entstauben, denn bei der Herstellung ist jedes Staubkörnchen Gift für die feine Glasur auf dem weißen Gold, wie es früher genannt wurde. Das lässt ahnen, dass hier Besucher mit schmalem Geldbeutel nur wenig abstauben können. Wer sich die teuren Vasen genau ansieht, der wird sich vielleicht fragen, ob der Baron, würde er jetzt vorbei schauen, noch ganz andere Geschichten zu erzählen hätte, z.B. wie er auf Schmetterlingen davon flog als ... Im Schmetterlingspark im niedersächsischen Uslar kommen die Besucher anderen erstaunlichen Geschichten auf die Spur – diesmal über haarige Raupen, tierische Puppen und kostbare Seidenfäden. Nicht gelogen.

Und wer sich selbst von der Geschichte und den Geschichten im Land des Lügenbarons überzeugen will, sollte seine sechstägige Kreuzfahrt auf der Weser möglichst schnell buchen und sich auf die Hügellandschaft des Weserberglandes freuen. Fürwahr, eine solche Reise ist kein Märchen.

Immer wieder schön: Schlösser und Burgen im Baustil der Weserrenaissance, hier die „Hämelschenburg“ im Weserbergland bei Hameln.

Alles auf einen Blick:

Oberweser Dampfschiffahrt GmbH
Postfach 10 08 42
31758 Hameln
Deisterallee 1
31785 Hameln
Tel: 0 51 51 / 93 99 99
www.weserschiffahrt.de

Tourist-Information Bodenwerder
Weserstraße 3
Tel: 0 55 33 / 4 05 41
www.bodenwerder.de

Flecken Polle
Heinser Str. 11
37647 Polle
Tel: 0 55 35 / 9 40 00

Schloss Corvey
Verwaltung Corvey
37671 Höxter
Tel: 0 52 71 / 68 10
www.corvey.de
Öffnungszeiten:
1. April bis 1. November,
täglich 9.00–18.00 Uhr.

Museum der Porzellanmanufaktur Fürstenberg
37699 Fürstenberg
Tel: 0 52 71 / 40 11 61

Alaris Schmetterlingspark
37170 Uslar im Solling
Zur Schwarzen Erde
Tel: 0 55 71 / 67 34
www.alaris-schmetterlingspark.de

Kreuzgang und Klausur

Von Nonnen und Mönchen

Wer die Stille sucht, wer Einkehr finden will, der kann heutzutage ins Kloster gehen. Auf Zeit, versteht sich. Oder er schaut wenigstens einmal für ein paar Stunden vorbei. Dies ist ein Streifzug der besonderen, der stillen Art. Für Zeitgenossen, die Ruhe und Besinnung suchen.

Sechs Mal am Tag versammeln sich die Schwestern der Abtei vom Heiligen Kreuz in Herstelle zum Gebet. Die Benediktinerinnen befolgen mit dem Stundengebet die Regeln ihres Ordensgründers, des Heiligen Benedikt, für den das Motto „Bete und Arbeite" oder eben „Ora et Labora" das Leben hinlänglich beschrieb. Die Kapelle der Abtei gehört zu den sonst ängstlich gehüteten Bereichen des Klosters. In die Klausur dürfen Fremde nur mit einer selten erteilten Erlaubnis. Die Benediktinerinnen bezogen das ehemalige Minoritenkloster an der Weser im Jahre 1899. Hinter diesen Klostermauern verläuft das Leben in stilleren Bahnen.

Doch auch für die Ordensschwestern gibt es den profanen Alltag. Sie müssen ihre Gemeinschaft selbst unterhalten und betreiben deshalb eine Gärtnerei. Mit großem Erfolg, wie leicht feststellbar ist. Von weither reisen Hobbygärtner an, um Sämereien und Pflanzen aus dem klösterlichen Mustergarten im Dreiländereck von Nordrhein-Westfalen, Hessen und Niedersachsen zu erwerben.

Die Benediktinerinnen betreiben aber nicht nur ihre erfolgreiche Gärtnerei. Sie laden auch zu Einkehrtagen in ein Gästehaus. Eine

Foto: Benedektinerinnenabtei Herstelle

Wer Stille sucht, ist in der Benediktinerinnenabtei Herstelle genau richtig.

Foto: Benedektinerinnenabtei Herstelle

Im klösterlichen Mustergarten Herstelle gärtnern die Benediktinerinnen erfolgreich. Hobby-Gärtner reisen wegen der guten Sämereien extra an!

Chance, die immer mehr gehetzte Zeitgenossen nutzen. „Kloster auf Zeit" heißt diese Art von Urlaub, in der gestresste Seelen wieder in einen ausbalancierten Zustand zurückfinden. Wer sich für das Leben hinter Klostermauern entschließt oder bei Einkehrtagen einen Besuch wagt, der geht einen Weg der Stille und findet in der Abtei über der Weser seltene Ein- und Ausblicke.

Eine andere Stille herrscht im einsamen Kloster Böddeken bei Büren. Das Stift Böddeken wurde im 8. Jahrhundert gegründet. Von der um 1450 erbeuteten gotischen Kirche sind nur noch Ruinen erhalten. Unter dem Zeichen des Kreuzes lebten hier bis ins Jahr 1802 Augustinerchorherren. Sie waren berühmt für ihre kostbare Bibliothek und für ihre Buchmalereien. Heute gehören die Klostergebäude aus verschiedenen Stilepochen zu einem landwirtschaftlichen Betrieb. Ein romantisches Gemäuer, das sogar schon Filmkulisse gewesen ist.

Das ehemalige Stift Böddeken, in einem Tal des Sintfeldes gelegen, hatte enge Beziehungen zu einem anderen bedeutenden Kloster in Ostwestfalen. Die Augustinerchorherren schickten 1429 einige ihrer Brüder in das 60 Jahre zuvor abgebrannte und somit leerstehende Kloster Dalheim. Die Chorherren rodeten die Wälder um Dalheim und betrieben erfolgreich Landwirtschaft. So belebten sie nicht nur das alte Klostergebäude neu, sondern auch etliche einst verlassene Dörfer im Umkreis.

Die Spitze eines Berges ließ der Prior Johannes Dreyer im 15. Jahrhundert abtragen – um darauf eine Kirche zu errichten. Die erhielt allerdings nie einen Turm. Seit der Restaurierung Dalheims in den 60er und 70er Jahren nutzt der Landschaftsverband Münster die Nebengebäude, die

Die mächtigen Wisentbullen sind bei Hardehausen zu Hause – sorgen aber europaweit für Nachwuchs.

Kirche und den Kreuzgang als Museum. Zu sehen sind hier neben Wechselausstellungen mit Gegenwartskunst Repliken gefährdeter Kunstwerke aus westfälischen Kirchen. Das 21 Meter hohe Kirchenschiff wölbt sich auch über dem Abguss des ältesten frühchristlichen Reliefs der Region: eine Kopie der Kreuzesabnahme von den Externsteinen, entstanden im 9. Jahrhundert.

Unweit Dalheims liegt eines der ältesten Klöster im Hochstift Paderborn: Im Mai 1140 kamen 13 Mönche nach Hersuitehusen, nach Hardehausen. Das ehemalige Zisterzienserkloster ist kein Museum und nur selten ein Ort klösterlicher Stille. Die Mönche wanderten in der Nazizeit vor Repressalien nach Südamerika aus. Nach dem Zweiten Weltkrieg wurde ihr nun leerstehendes Kloster zum Jugendhaus für das Bistum Paderborn umgebaut. Im ehemaligen Speisesaal löffeln nun Schulklassen und Jugendgruppen ihre Suppen aus. Dafür gilt in den Gruppenräumen auch heute noch die Benediktsregel „Ora et Labora“.

Herausgehoben aus dem Schulalltag darf in Hardehausen zwangloser gebüffelt werden. Auch die ehemaligen Mönchszellen haben nun eher den Charme von Jugendherbergen. In Hardehausen kommen Stadtkinder auf einem kleinen Schulbauernhof der Natur näher – und bei den Gehegen der seltenen Przwalski-Wildpferde sogar einer fast ausgestorbenen Pferderasse. Eine weitere Attraktion in Hardehausen ist seit Jahrzehnten eine Wisentherde. Die Bullen dieser Herde sorgten in vielen Wildgehegen Europas für Nachwuchs. Streicheltiere aber sind die imposanten Wildrinder nicht. Deshalb ist von Tuchfühlung abzuraten, auch wenn die Tiere beim Wiederkäuen zutraulich dreinblicken.

Ortswechsel – zum jüngsten und ungewöhnlichsten Kloster in Ostwestfalen: Bis 1994 war das leerstehende Kloster Brenkhausen bei Höxter in miserablem Zustand. Die romanischen, gotischen und barokken Bauteile zerfielen zur Ruine. Neuerdings aber werden Kreuzgang und Klausur fachmännisch und liebevoll in Handarbeit restauriert. Die Baumaterialien fürs Fachwerk: Lehm, Stroh und uraltes Eichenholz. Ungewöhnlich wie die Arbeitsmethoden sind auch die Handwerker: ägyptische Facharbeiter von den Ausgrabungsstätten in Luxor. Koptische Christen, die unentgeltlich arbeiten, um das erste koptisch-orthodoxe Kloster in Deutschland aufzubauen. Als die koptischen Mönche zum ersten Mal nach Brenkhausen kamen, wussten sie nicht, was sie erwartete. Inzwischen haben Arbeiter und Mönche das Kloster nicht nur wieder bewohnbar gemacht, sondern sogar schon ein Museum zur Glaubensgeschichte der Kopten eröffnet. Die koptische Kirche ist die älteste christliche Kirche überhaupt. Sie wurde im 1. Jahrhundert vom Apostel Markus in Ägypten gegründet. Sechs Millionen Christen leben noch heute im Land am Nil. Ihr Papst in Kairo entsandte Bischof Damian und seine fünf Mitbrüder zur Betreuung der 6000 in Deutschland lebenden Kopten. Brenkhausen wurde binnen kurzer Zeit zu einem lebendigen Zentrum des koptischen Glaubens. Besucher aller Konfessionen sind hier willkommen. Das koptische Kloster der Heiligen Jungfrau Maria und des Heiligen Mauritius steht allen offen. Die Gläubigen reisen oft von weither nach Brenkhausen an. Trotz der großen Entfernungen existiert ein reges und herzliches Gemeindeleben. Neue Töne und neue Ausstrahlung zwischen Kreuzgang und Klausur. Die koptischen Christen erfüllen ein verfallenes katholisches Kloster mit neuem Leben. Ihre goldenen Ikonen zeugen von 2000 Jahren koptischer Tradition in Ägypten und neuerdings eben auch unter dem Himmel von Ostwestfalen.

Alles auf einen Blick:

Benediktinerinnenabtei Herstelle
Postfach 15 53
37679 Beverungen
Tel: 0 52 73 / 80 40

Kloster Böddeken
Verkehrsamt Büren
Königstr. 18
33142 Büren
Tel. 0 29 51 / 97 01 71

Kloster Dalheim
Am Kloster 11
33165 Lichtenau
Tel: 0 52 92 / 16 64
Öffnungszeiten:
Di–So 10.00–18.00 Uhr,
an Feiertagen auch Mo.

Jugendhaus Hardehausen
Abt-Overgaer-Str. 1
34414 Warburg
Tel: 0 56 42 / 6 00 90
www.jugendhaus-hardehausen.de

Koptisches Zentrum
S. E. Bischof Damian
Am Maihof 1
34434 Borgentreich
Tel: 0 56 43 / 94 81 83
und 94 85 52
www.koptisches-zentrum-borgentreich.de/kki06.html

Die Film-Autoren der „Hier und Heute – Streifzüge 2“

Birgit Barth
Schiff ahoi – eine Weserkreuzfahrt (Teutoburger Wald).

Christian Behrens
Reisen und Speisen (Niederrhein).

Andrea Benstein
Schlösser, Spuk und Schauermärchen; Im Land der goldenen Steine; Fest im Sattel; Schöppingen – zwischen Kunst und Kirchturm; Häuser erzählen Geschichten (Münsterland).

Wolfgang Brosche
Von altem Brot und Korn; Freudenberg – der alte Flecken; Fluss ohne Quelle; Drachen, Orgeln, Runkelrüben (Siegerland). Die Urwelt liegt bei Espelkamp; Dönekes und Spökenkieker; Kreuzgang und Klausur (Teutoburger Wald).

Helge Drafz
Schlösser, Spielzeug und Seeluft; Der Wald über der Kohle; Die Gruga in Essen (Ruhrgebiet).

Ralph Durchleuchter
Mix mit Idylle am Niederrhein; Berge, Bier und Boote; Kohle, Korken, Karpfen (Niederrhein).

Karsten Faßbender
Abschied vom Rhein (Niederrhein).

Dirk Holterman
Winterzauber in Hellenthal; Rund ums Hohe Venn; Auf Burgensuche am Eifelrand; Rund um Bad Münstereifel; Radeln im Aachener Revier (Eifel). Vom Drachenfels zum Deutschen Eck; Hinter den sieben Bergen (Rheintal).

Jürgen Hübner
Heimliche Liebe (Ruhrgebiet).

Stefan Huy
Im Land der Strunde (Bergisches Land).

Andreas Kölmel
Auf, entlang und unter dem Rhein; Von Köln nach Benrath; Kölner Legenden (Rheintal).

Anja Koenzen
Rund um den Hennesee; Im Tal der Lenne (Sauerland).

Jörg Laaks
Das Hafendorf „Ruhrort“ (Ruhrgebiet).

Bärbel Schröder
Zwischen den Moosbergen; Federvieh und Bonte Kerke; Langenberger Spaziergang (Bergisches Land). Tannengrün und Plästerlegge; Die Stadt der Erfinder (Sauerland).

Stichwortverzeichnis

Die traumhaften Touren in Nordrhein-Westfalen jetzt auch auf Video!

Nordrhein-Westfalen lässt sich teilen – in gleich zehn unterschiedliche Regionen. Jeder Streifzug führt zu vermeintlich Altbekanntem. Doch wer kennt schon den neuen Essener Zechenzauber, das Münsterland von oben oder gar die Unterwelt des bergischen Landes? Der WDR bringt Licht ins Dunkel: Mit ruhiger Kamerafahrt und interessanten Kommentaren werden die Regionen vorgestellt. Klassische Schönheiten wie das Rheintal, touristische Highlights wie Köln oder feine, kleine Sehenswürdigkeiten, die am Wegesrande liegen.

Die schönsten Berichte der WDR-Streifzüge gibt es jetzt nach Regionen unterteilt in einer einmaligen Video-Edition in 10 Bänden.
Jedes Video ist auch einzeln lieferbar.

Jedes Video, VHS, ca. 60 Min., nur € 15,90

Streifzüge am Niederrhein
ISBN 3-87706-843-X

Streifzüge im Münsterland
ISBN 3-87706-844-8

Streifzüge im Teutoburger Wald
(Ostwestfalen-Lippe)
ISBN 3-87706-845-6

Streifzüge in der Eifel
ISBN 3-87706-846-4

Streifzüge im Siegerland
ISBN 3-87706-847-2

Streifzüge rund um das Siebengebirge
ISBN 3-87706-848-0

Streifzüge im Ruhrgebiet
ISBN 3-87706-849-9

Streifzüge im Bergischen Land
ISBN 3-87706-850-2

Streifzüge im Sauerland
ISBN 3-87706-851-0

Streifzüge im Rheintal
ISBN 3-87706-852-9

„Streifzüge"

– Der erste Band für den kleinen Urlaub zwischendurch

Vor der eigenen Haustür gibt es immer noch viel Unentdecktes: Traumhafte Landschaften, Wälder, Berge und Täler, Flüsse und Seen. Kennen Sie schon das Schneeparadies „Hochsauerland" oder die Obstblüte zwischen Siebengebirge und Eifel? Begeben Sie sich doch mal auf die Spuren der Nassauer im Siegerland-Wittgenstein. Entdecken Sie diese und weitere 37 unterhaltsame Touren und Ausflüge im ersten Band der „Streifzüge". Zum Nachschlagen und Nachmachen, für Kind und Kegel, für Rheinländer und Westfalen und für alle, die zugereist sind und sich ihr eigenes Bild von Nordrhein-Westfalen machen wollen. Adressen und Telefon-Nummern helfen bei der Planung für den kleinen Urlaub zwischendurch.

- Münsterland
- Sauerland
- Niederrhein
- Rheintal
- Eifel
- Bergisches Land
- Ruhrgebiet
- Siegerland-Wittgenstein
- Rund um das Siebengebirge
- Teutoburger Wald

WDR – Hier und Heute

Streifzüge

Traumhafte Touren
durch Nordrhein-Westfalen
2., aktualisierte Auflage

2001. 208 Seiten,
184 Farbfotos und
farbige Abbildungen,
14,0 × 22,8 cm, Softcover
ISBN 3-87706-853-7
€ 15,90